Ludwig Persius

Ludwig Persius

Das architektonische Werk heute
The architectural work today

herausgegeben von
edited by

Hillert Ibbeken

mit Beiträgen von
with contributions by

Eva Börsch-Supan
Stefan Gehlen
Hillert Ibbeken
Andreas Meinecke
Heinz Schönemann

Photographien
Photographs

Hillert Ibbeken

Edition Axel Menges

© 2005 Edition Axel Menges, Stuttgart/London
ISBN 3-932565-46-80

Alle Rechte vorbehalten, besonders die der Übersetzung in andere Sprachen.
All rights reserved, especially those of translation
into other languages.

Reproduktionen/Reproductions: Kleiber Studio,
Fellbach
Druck und Bindearbeiten/Printing and binding:
Daehan Printing and Publishing Co. Ltd., Sungnam,
Korea

Übersetzung ins Englische/Translation into English:
Michael Robinson

Inhalt

Contents

Vorwort

Karl Friedrich Schinkel (1781–1841) ist die überragende Gestalt der preußischen Architektur in der ersten Hälfte des 19. Jahrhunderts. Sein heute noch bestehendes Werk wurde in der Edition Axel Menges 2001 vorgestellt. Es lag deshalb nahe, sich auch mit der Architektur der sogenannten Schinkelschule zu beschäftigen, mit deren herausragenden Vertretern Ludwig Persius (1803–1845) und Friedrich August Stüler (1800–1865). Ich nahm deshalb dankbar das Angebot der Stiftung Preußische Schlösser und Gärten Berlin-Brandenburg wahr, das noch vorhandene Werk von Persius für eine Ausstellung zu photographieren, die im Sommer 2003 im Schloss Babelsberg stattfand. Umfassendere Darstellungen über Persius sind die Arbeiten von Eva Börsch-Supan über die *Berliner Baukunst nach Schinkel* (1977) und das *Tagebuch von Persius* (1980), hinzu kommen ein Bildband von Bohle-Heintzenberg und Hamm (1993) mit etwa 65 Aufnahmen, der Begleitband zur Ausstellung im Schloss Babelsberg und ein *Architekturführer Persius* mit etwa 50 Aufnahmen, beide 2003 erschienen. Das hier vorgelegte Buch umfasst 180 Aufnahmen und damit praktisch das gesamte noch existierende Œuvre von Persius, mit vielen bislang unveröffentlichten Ansichten, Innenaufnahmen und Details.

Betrachtet man das Lebenswerk von Persius im zeitlichen Ablauf, dann muss man feststellen, dass seine Bauten, nach einigen Vorläufern in den dreißiger Jahren, nahezu alle in den sechs Jahren von 1840 bis 1845 zustande kamen, viele wurden erst posthum fertiggestellt. Persius wurde durch seinen frühen Tod infolge einer Typhuserkrankung aus der Mitte seines Schaffens gerissen. Stüler, wie Persius »Architekt des Königs«, aber für den Berliner Raum, führte mehrere Projekte seines Kollegen zu Ende. Persius füllt, zumindest im Potsdamer Raum, die Lücke, die der Tod Schinkels hinterlassen hatte. Die hohe Wertschätzung, die Persius durch Friedrich Wilhelm IV. erfuhr, machte es ihm möglich, die Potsdamer Architekturlandschaft entscheidend zu prägen – »im heiteren italienischen Styl«.

Stüler wird der dritte Band in der Edition Axel Menges gewidmet, der 2006 erscheinen soll. Die Trilogie Schinkel, Persius und Stüler, gleichartig gestaltet, soll damit abgeschlossen werden.

Eine Bearbeitung dieses Themas ist ohne die Vorarbeit und die Hilfe anderer undenkbar. Hier ist, allen voran, Eva Börsch-Supan zu nennen, deren Werke über Schinkel, Persius und Stüler überhaupt erst die Voraussetzung für meine Beschäftigung mit der preußischen Architektur abgaben.

Mein besonderer Dank geht an die Stiftung Preußische Schlösser und Gärten Berlin-Brandenburg, die mir das seinerzeit in ihrem Auftrag erarbeitete Material für diesen Band großzügig zur Verfügung stellte. Mein Dank geht auch an die Kastellane und anderen Mitarbeiter der Stiftung, die mir die Arbeit zu einem reinen Vergnügen machten. Dorothea Duwe und Axel Menges sind Verleger, die man sich hilfreicher nicht vorstellen kann.

Hillert Ibbeken, im März 2005

Foreword

Karl Friedrich Schinkel (1781–1841) is the towering figure in Prussian architecture in the first half of the 19th century. His work that still stands was presented by Edition Axel Menges in 2001. It now seems appropriate to address the architecture of the so-called Schinkel school and its outstanding representatives Ludwig Persius (1803–1845) and Friedrich August Stüler (1800–1865). I was therefore grateful when the Stiftung Preußische Schlösser und Gärten suggested photographing Persius's surviving work for an exhibition that took place in summer 2003 in Schloss Babelsberg. More comprehensive works on Persius are those by Eva Börsch-Supan on *Berliner Baukunst nach Schinkel* (Berlin Architecture after Schinkel; 1977) and the *Tagebuch von Persius* (Persius's Diary; 1980). Other material includes a pictorial volume by Bohle-Heintzenberg and Hamm (1993) with about 65 photographs, the accompanying volume to the exhibition in Schloss Babelsberg and an *Architekturfüher Persius* (Persius Architectural Guide) with about 50 photographs, both published in 2003. The present book includes 180 photographs, hence practically all of Persius's work that still stands, with a number of previously unpublished views, interior shots and details.

If Persius's life's work is looked at in sequence, it is soon clear that practically all his buildings, after a few early works in the thirties, date from the six years from 1840 to 1845, with a lot of them being completed posthumously. Persius's early death from typhoid fever took him away at the peak of his creativity. Stüler, like Persius »Architect to the King« but for the Berlin area, completed many of his colleague's projects. Persius fills the gap left by Schinkel's death, at least in the Potsdam area. Persius was held in high esteem by Friedrich Wilhelm IV, which allowed him to make a considerable impact on Potsdam's architectural landscape – »in the light-hearted Italian style«.

The third Edition Axel Menges volume will be devoted to Stüler, and is to appear in 2006. This will conclude the trilogy of Schinkel, Persius and Stüler, which will be uniform in design.

It would not have been possible to work on this subject without preliminary work and assistance from others. Here above all Eva Börsch-Supan must be mentioned. Her writings on Schinkel, Persius and Stüler provided the essential basis for my own work on Prussian architecture.

My special thanks go to the Stiftung Preußische Schlösser und Gärten Berlin-Brandenburg, which has been generous in making the material previously commissioned by the foundation, available for this book. My thanks also go to the foundation's castellans and other employees, who have made the work an absolute delight. It would not be possible to imagine publishers more helpful than Dorothea Duwe and Axel Menges.

Hillert Ibbeken, March 2005

Eva Börsch-Supan
Ludwig Persius. Leben im Werk

Das Werk des Architekten Ludwig Persius ist von erstaunlicher Fülle angesichts der Lebensspanne von nur 43 Jahren, die ihm vergönnt war. Zugleich ist es räumlich konzentriert und in seiner Formensprache homogen. Darin drückt sich eine künstlerische Persönlichkeit aus, die sich durch frühe Förderung und günstige Umstände entfalten konnte, die aber auch durch frühe Verantwortlichkeit diszipliniert und durch den abgesteckten Rahmen beschränkt worden war.

Friedrich Ludwig Persius wurde am 15. Februar 1803 in Potsdam geboren. Sein Vater (1743–1811) war Weinhändler, stammte aber aus einer ursprünglich italienischen Familie von Gelehrten und Pfarrern. Seine Mutter war Tochter des Ratszimmermeisters Johann Gottlob Brendel, der das Schlösschen auf der Pfaueninsel baute.

Wie auch andere angehende junge Architekten zur damaligen Zeit verließ Persius vorzeitig das Gymnasium, um sich ab 1817 seiner mathematischen und technischen Ausbildung zu widmen. Ungewöhnlich war aber, dass er gleichzeitig eine Zimmermannslehre absolvierte. Ab 1819 studierte er an der Berliner Bauakademie. Bereits ab 1821 zeichnete Persius für Schinkel, der ihn auch 1823 zur Vorbereitung seines Schlossentwurfs für Graf Potocki nach Krzeszowice schickte. Ab 1824 arbeitete Persius unter Schinkel an den Bauten für Prinz Karl in Glienicke, ab 1826 an denen des Kronprinzen in Charlottenhof. Dass er sich hierbei als »sehr thätiger, umsichtiger und gebildeter Mann in seinem Fache« erwies, bescheinigte ihm Schinkel für die Baumeisterprüfung, die Persius im April 1826 ablegte.

1827 heiratete Persius Pauline Sello und war dadurch mit dieser Potsdamer Hofgärtnerfamilie verwandt. 1829 wurde er als Bausinspektor bei der Regierung Potsdam angestellt, wobei seine Haupttätigkeit wieder die Ausführung eines Baues von Schinkel war, der 1837 geweihten Nikolaikirche (Abb. 84). Die Tätigkeit für den Kronprinzen lief nebenher, da dieser auch nach Vollendung des Schlösschens in Charlottenhof weitere Anlagen errichten ließ.

1834 wurde Persius Hofbauinspektor. Diese Konstellation – eine ebenso frühe wie enge Zusammenarbeit mit Schinkel und im Kernbereich der Interessen des künftigen Königs – prägte Persius' architektonische Entwicklung und zeichnete seine weitere Laufbahn vor.

Für Schinkel wurde Persius zum unentbehrlichen Helfer bei den Potsdamer Hof- und Kirchenbauten und bald ein geschätzter Freund. Schinkel und Persius stützten einander auch in kritischen Situationen des schwierigen Baues der Nikolaikirche: bei den anfänglichen Rissen im Bogenmauerwerk, bei der schlechten Akustik des Raumes, den Schinkel auf eine vom König nicht gewollte zukünftige Kuppel berechnet hatte – die Persius schließlich ausführte (Abb. 84).

Wie kein anderer aus der Generation der Schinkelschüler wuchs Persius in die Arbeit an der architektonischen und landschaftlichen Idealisierung der »Insel Potsdam« hinein, die Schinkel, der Kronprinz und spätere König Friedrich Wilhelm IV. und der Gartenbaudirektor Peter Joseph Lenné weitschauend betrieben. Die hauptsächliche architektonische Stilform dafür war Schinkels reifer Klassizismus, der durch die Italienreise von 1824 mit lebendiger Anschauung auch der einfachen südlichen Bauweise gesättigt war. Die Form der

Landschaftsgestaltung war die malerische, »natürliche« Anordnung des Englischen Gartens, die in Gebäudenähe aber teilweise mit geometrisch geordneten Partien und Antikenzitaten nach Beschreibungen des Plinius ergänzt wurde. Andererseits griffen auch jene Bauten, die selbst streng kubische Umrisse haben, mit Säulenreihen oder Pergolen auf die umgebende Natur über. Die hier in zwei Jahrzehnten geschaffenen Gebäude stifteten ein reiches Beziehungsgeflecht. Sie bieten, vom Wege oder vom Wasser her, einen reizvollen, sich räumlich verändernden Anblick und sind zugleich Orte für bildhafte Landschaftsausblicke.

So gut sich Persius in Bauzeichnungen und bei deren Ausführung in Schinkels klassizistische Formensprache mit den antikischen Gesimsen, Fensterfaschen, Attiken, Giebeln und dem zarten Quaderputz der Wandflächen einlebte – für sein selbständiges Schaffen wurde nicht diese zum Vorbild, sondern der »italienische Villenstil« der Gärtnervilla von Charlottenhof (Abb. 111), die er 1829–32 ausführte. Bei dieser ländlichen »fabbrica« in Sichtweite des Schlösschens hatte Schinkel, indem er auch Anregungen des Kronprinzen aufnahm, die schlichte asymmetrische Bauweise toskanischer Landhäuser übernommen, deren aneinandergeschobene Trakte mit vorstehenden Sattel- oder Pultdächern, offenen Dachstühlen, gelegentlichen Türmen und einfach eingeschnittenen Rundbogenfenstern asymmetrische Gruppen bilden, die von allen Seiten eine malerische Ansicht bieten.

Diese Formen, die offenbar seinem künstlerischen Naturell besonders entsprachen, handhabte Persius bereits in seinen frühen selbständigen Entwürfen mit großer Anmut. Er entwickelte darin umso mehr seine Meisterschaft, als Villenbauten und -umbauten im Park Sanssouci und in den Potsdamer Vorstädten eine seiner Hauptaufgaben war.

In Charlottenhof und Glienicke ergänzte er bereits in den dreißiger Jahren, zu Lebzeiten Schinkels, das von diesem geschaffene Ensemble mit eigenen Werken. In beiden Fällen sind es Bauten, die einen bestimmten Bezirk abgrenzen und daher eine langgestreckte, aber im Sinne des Villenstils belebte Gestaltung erforderten. Bei der 1832 entworfenen Meierei (Abb. 113), dem nördlichen Point de vue des architektonischen Bogens entlang der großen Wiese von Charlottenhof, fügte Persius nach Osten ein selbständiges Gehilfenhaus an, nach Westen – allerdings erst im zweiten Entwurf und wohl auf Verlangen des Kronprinzen – einen den Weg überbrückenden Torbogen und anschließenden Trakt mit kurzem Turm. In Glienicke verband er 1836 an der Grenze von »pleasure ground« und nördlichem Waldgebiet die Gärtnervilla mit dem für die Fontänen notwendigen Wasserturm (Abb. 9) und Maschinenhaus – wieder mit hohem Torbogen. Die am ansteigenden Gelände aufgestaffelte, unten von einer Mauer mit zwei Schalenbrunnen gerahmte Baugruppe wirkt auch beim Vorüberfahren auf der Havel eindrucksvoll.

Diese Figuration stammte vielleicht vom Kronprinzen, denn sie erscheint auf zwei Skizzen des ständig auf diese Art auf seine Architekten einwirkenden begabten Dilettanten.

Wasserturm und Gärtnerhaus erscheinen als abstrakt-geometrische Baukörper mit straff gespannten Wandflächen und darin eingeschnittenen Fenstern und Fensterschlitzen. Wenige gliedernde Formen dienen zur Differenzierung: zur Charakterisierung des Wohnlichen oder zur Auszeichnung des Aussichtssalons im Turm. Diese strengen Kuben und die gleichfalls schlichten, mit

ihren weit überstehenden Dächern aber ländlich-idyllisch wirkenden Villenstilformen waren Persius' wesentliche Stilmöglichkeiten. Sie manifestierten sich kontrastreich in zwei nicht erhaltenen, 1835 entworfenen Gebäuden: dem würfelförmigen eigenen Wohnhaus, das er mit königlicher Unterstützung 1838 baute, und der allseits in die Landschaft ausgreifenden Villa Jacobs. Aus beiden Elementen schuf Persius perspektivisch bewegte Baugruppen von wie selbstverständlich erscheinender Harmonie, die auch sparsam hinzugefügte historische Stilformen aufnehmen konnten.

Damit war er den Aufgaben gewachsen, die ihm 1840 zuwuchsen, als fast gleichzeitig mit dem Regierungswechsel auch Schinkel todkrank wurde. Der ehemalige Kronprinz, nun König Friedrich Wilhelm IV., begann sofort, seine langgehegten architektonischen Pläne umzusetzen. Dazu wählte er des Meisters beste Schüler, August Stüler und – für den Potsdamer Bereich – Ludwig Persius. Beide erhielten, gewissermaßen nach einer Bewährungsprobe, am 13. 9. 1842 den Titel »Architekt des Königs«.

Das Tagebuch, das Persius vom 12. Oktober 1840 bis Pfingsten 1845 über die Baubesprechungen mit dem König führte, gibt über seinen plötzlich weitgespannten Wirkungskreis Auskunft. In einer anscheinend vertraulichen Atmosphäre, unsystematisch, oft punktweise nach seinem Notizzettel, behandelte der König die anstehenden Themen, wobei wichtige städtebauliche Fragen wie die Eisenbahntrasse oder der Fall der Stadtmauer gleichauf neben Kleinigkeiten wie der Farbe eines Vorhangs rangierten. Die Entwürfe, die Persius vorlegte, blieben selten unverändert, auch wenn sie »definitiv genehmigt« wurden. Friedrich Wilhelm entwickelte an ihnen mit seiner unerschöpflichen Phantasie gern Varianten oder neue Ideen, ausdrücklich nutzte er sie auch, um sich beim Vortrag seiner Minister damit zu amüsieren. Oft führte er Persius so zu besseren oder doch den ihm vorschwebenden Bildern genauer entsprechenden Lösungen, doch blieben so besonders die großen Projekte unentschieden. Manchmal kehrte er auch zu Persius' Baugedanken zurück. Dieser vermerkte solche stillen Erfolge kommentarlos. Anscheinend willig trug er die bei des Königs sprunghafter Art oft unnötig hohe Arbeitslast, die viel Organisatorisches auch in Nebenbereichen wie etwa dem Skulpturenschmuck des Parkes von Sanssouci einschloss. Persius erkannte das trotz allem unbeirrt durchgehaltene Gesamtkonzept. Er diente seinem »Allerhöchsten Herrn« gern, sprach vom »belohnenden Gefühl«, dass dieser sich an Persius' Schöpfungen erfreue. Dennoch beobachtete er ruhig, notierte geistreiche Äußerungen wie gereizte Stimmungen oder den Kontrast in der Rechtsauffassung zum Bruder Wilhelm. (»Ist denn das Terrain, wo Du bauen willst, königlich?« – »Nein, aber es stehen keine Häuser darauf.«) Persius' Einfluss blitzt auf, wenn er beim Kostenvoranschlag des Orangerieschlosses bemerkt, dass die Summe pro Jahr geringer sei als die bei Friedrich dem Großen übliche: »sehen mich SM nach einigem Nachsinnen mit einem heiteren Gesicht an und sagen ›Sie Schlange‹.«

Aus des Königs Intentionen erwuchsen für Persius drei Aufgabenfelder: die abschließende Gestaltung des Areals von Sanssouci durch die Anlagen an der geplanten Höhenstraße auf der nördlichen Hügelkette und die Bauten in den neuen südlichen und südöstlichen Parkteilen; Kirchenbauten, die zugleich mit Landschaftsgestaltung verbunden waren; schließlich in der Stadt Potsdam Wohn- und Industriebauten, die mit einem Zuschuss aus dem Immediatbaufonds eine interessantere Architektur erhalten sollten, besonders zur Verschönerung der »afreusen« Silhouette an der Havel.

Auch mit Projekten außerhalb Potsdams beauftragte Friedrich Wilhelm Persius gelegentlich, so mit Vorentwürfen zum Diakonissenhaus Bethanien und zu Krolls Etablissement in Berlin. »Conter Projecte« zum Berliner Lustgarten oder zum Königsplatz in Königsberg sowie zur Restaurierung der Basilika in Trier blieben jedoch ergebnislos.

Bei den Villen – vielfach Umbauten einstöckiger Häuser – konnte Persius frei entwerfen; der König erkannte den sicheren Takt seines Architekten an, korrigierte gelegentlich Details oder verlangte bei der nach Schloss Sanssouci weisenden Seite der Villa Illaire ein »decorirtes Fenster« (Abb. 134). Diese Bauten, zu denen auch die Försterhäuser im Wildpark (Abb. 148–154) gehörten, waren es auch, die Persius selbst publizierte.

Auch die – noch kleinen – Fabriken und die Dampfmaschinenhäuser der Parkfontänen gestaltete Persius nach dem Prinzip versetzter Kuben und gab ihnen meist durch Zinnen und turmartige Schornsteine andeutend die Form mittelalterlicher Kastelle. Hier wirkte Friedrich Wilhelm stärker ein, er verlangte das Dampfmaschinenhaus für Sanssouci in der Havelbucht »im Stil einer türkischen Moschee mit Minarett« (Abb. 73–81) und für Jacobs Zuckersiederei einen »florentinischen Thurm«. Bei den ausgedehnten Anlagen strukturierte ein solcher historischer Akzent die langen, nüchternen Trakte, zum Beispiel das Kastell bei der Dampfmahlmühle und der vom Alcazar von Segovia inspirierte Turm beim Proviantmagazin (Abb. 87).

Obwohl auch in diesen Anlagen Persius' Tendenz zu abstrakten Baukörpern deutlich ist, geht ihre schon bei den Zeitgenossen umstrittene Maskierung über den Grundsatz Schinkels hinaus (»Keine Maskerade, das Notwendige der Konstruktion schön zu gestalten, ist Aufgabe der Baukunst«), so besonders bei den 1844–48 erbauten Damm-Mühlen in Berlin. Friedrich Wilhelm hatte zunächst ihren Wiederaufbau nach dem Brand von 1838 verboten, dies aber bei einer Besprechung am 8. März 1844 widerrufen, da Persius' Entwurf die Brandgefahr vermied (»Kreuzschock Schwerenoth, Ich genehmige alles!«). Die in einzelnen Blöcken gegliederte Masse mit Schornsteinturm bildete einen malerischen Prospekt an der Spree, der, für Büros umgebaut, als »Engelsburg« bis 1937 stand.

Beherrschend waren die vom König aus Kupferstichwerken entlehnten oder 1828 in Italien gesehenen architektonischen Bilder für die geplanten Großprojekte, deren Gestalt weder bei Regierungsantritt noch bei Persius' Tod endgültig feststand. Persius hatte die schwierige Aufgabe, hieran mit seinem unentschlossenen Bauherrn zu arbeiten. Das Tagebuch beginnt mit dem Orangerieschloss als westlichem Endpunkt der die Nord-Hügel von Sanssouci abschließenden »Triumphstraße«. Für ihren Anfangspunkt im Osten, ein Denkmal Friedrichs des Großen als Tempel auf hohen Substruktionen ähnlich der »Walhalla« von des Königs Schwager Ludwig von Bayern, hatten Schinkel und Persius schon 1838 gezeichnet. Was Persius gelang, waren malerische Anlagen am Wege: der elegante Umbau des Kastellanshauses (Abb. 88), Aussichtsturm und Bank am Ruinenberg (Abb. 115, 116), der Entwurf zur romantischen Partie bei der historischen Mühle und das ganz antikische Stibadium in dem verborgen unterhalb der Orangerieterrassen gelegenen Paradiesgärtlein (Abb. 121). Beim Orangerieschloss scheiterte er an des Königs damals noch disparatem Programm, Raffaels Villa Madama, ein antikes Theater und die sehr langen Orangeriehallen zu verbinden.

Ähnlich ging es mit terrassierten, von Substruktionen gesteigerten Anlagen auf anderen Hügeln der Potsdamer Umgebung: zum Beispiel am Pfingstberg, wo das kolossale Wasserkastell mit seinem Turmriegel, das als einziger Teil ausgeführt wurde, in Persius' Entwurf kahl und leer wirkt. Er, der bei der Nikolaikirche auch monumental denken konnte, versagte bei einer solch imposanten Kulissenarchitektur. Dass er einen wirklichen Schlossbau bewältigen konnte, bewies er bei der 1844 begonnenen Erweiterung von Schinkels Schloss Babelsberg für Prinz Wilhelm. Er beherrschte die Formen der englischen Gotik, und besonders der durchlichtete zweigeschossige oktogonale Tanzsaal (Abb. 55, 56) zeigt in seiner festlichen Eleganz, was ihm hier möglich gewesen war. Beim Prinzen Karl und bei Fürst Pückler gab es nur ergänzende Parkbauten, hier beeindrucken die strengen Fassaden der Orangerien (Abb. 1, 29).

Sehr wichtig waren die in königlichem Auftrag entworfenen Kirchen, auch wenn sie bei Persius – anders als bei Stüler – nicht zahlreich sind. Kirchenbau war Friedrich Wilhelm IV. ein ganz wesentliches Anliegen: es vereinigte seine religiösen und religionspolitischen Ziele mit seiner Liebe zur Baukunst, und in seinem Vorbild, der altchristlichen Basilika, sah er eine noch von den Aposteln sanktionierte Form, die für ihn der reinen evangelischen Lehre besonders entsprach. Persius kam mit seinen klaren, einfachen Formen diesem Ideal sehr nahe, so hat die Dorfkirche von Saarmund (Abb. 166–170) im Außenbau etwas von der strengen Würde ihrer Vorbilder in Rom und Ravenna.

Bei der Friedenskirche (Abb. 63–71), die dem weltlichen Bezirk von Sanssouci die geistliche Dimension hinzufügen sollte, und bei der 1843/44 erbauten Heilandskirche am Port zu Sacrow waren zusätzlich eine malerische Baugruppe und landschaftliche Wirkung intendiert. In Sacrow, wo das Kirchen-»Schiff« ins Wasser gebaut ist (Abb. 178), gibt nur der umgebende Arkadenkranz den Eindruck einer Basilika. Im Vorhof, dessen halbrunde Nischen die Form der Apsis wiederholen, stehen frei der Campanile und ein Kreuz. Schmuckhafte blauweiß glasierte Ziegelstreifen und die dorischen Säulen, die Persius wie selbstverständlich mit Rundbogen verband, geben dem Außenbau und ein Apsisfresko von Carl Begas dem Inneren den Eindruck des Kostbaren. Dies ist gesteigert in der Friedenskirche mit ihren ionischen Marmorsäulen, dem original byzantinischen Apsismosaik und den marmornen liturgischen Bauteilen. Persius erlebte ihre Vollendung nicht, aber mit Lenné und dem König gestaltete er ihre Lage zwischen den beiden so verschiedenen Gartenpartien (Abb. 62, 67) und den ausgreifenden Nebenbauten – besonders das vornehme, kontemplative Ruhe ausstrahlende Atrium (Abb. 64).

Auch Erhaltung und Restaurierung mittelalterlicher Kirchen war ein Anliegen des Königs. In solchem Auftrag reiste Persius zum Beispiel im Juli 1842 nach Erfurt, Halle, Chorin und Lehnin. Bildungsreisen machte er an den Rhein (1840, 1843) und vor allem vom 4. Mai bis 9. Oktober 1841 nach Paris.

Einige Skizzen vom Rhein und aus Italien, deren Originale verloren sind, hat sein 1835 geborener Sohn Reinhold 1853, als er sich selbst zum Architekten auszubil-
den begann, pietätvoll kopiert und mit des Vaters und seiner eigenen Datierung versehen.

Persius' sehnlicher Wunsch einer Italienreise erfüllte sich Anfang 1845. Wesentliche Entwurfsarbeiten, vor allem zur Friedenskirche, waren abgeschlossen, im Winter ruhten die Bauarbeiten. So reiste Persius mit königlicher Unterstützung und Aufträgen zur Marmorbeschaffung und zum Ankauf von Kunstwerken. Drei Briefe, die darüber berichten, sind erhalten. Von der ersten Station, Genua, schreibt er am 29. Januar seinem königlichen Mentor (der ihn während der Reise zum Oberbaurat ernannte), dass er, überwältigt von den Eindrücken, »selbst auf diesem Blatte noch taumele«. Zu Pfingsten, am 11. und 12. Mai, berichtet er dem König, dann bricht das Tagebuch ab. Persius erkrankte am Typhus und starb am 12. Juli 1845.

Nicht nur für die Familie, auch für den König war sein Tod ein persönlicher Verlust. Er ernannte keinen Nachfolger. Die Oberleitung der Potsdamer Bauten übertrug er Stüler, aber die vertrauten Gespräche auf der Brunnenpromenade waren unwiederholbar.

So sehr Persius mitten aus seinem Schaffen gerissen wurde, erscheint sein Werk doch im Potsdamer Bereich als vollendet. Er hatte die Bauaufgaben gelöst, in denen er Meister war. Für die Monumentalbauten wendeten sich Friedrich Wilhelm und Stüler nun entschieden einer reichen Neurenaissance zu.

In Persius' letzten Werken, der Friedenskirche und der Villa Illaire, zeigt sich besondere Reife, doch es gibt im Ganzen keine Entwicklung, nachdem er einmal seinen Stil gefunden hatte. Der Zauber, mit geringen Mitteln Vollkommenes zu schaffen, von dem schon 1844 Ludwig Lohde sprach, blieb konstant und wurde von keinem Nachfolger erreicht. Es war vor allem ein subtiler Sinn für Proportionen. Zur Einfachheit kam aber oft kontrastierend eine schmuckhafte Kleinarchitektur oder ein besonders verzierter Bauteil hinzu. Die eigentliche Ornamentik sollte sich nach seinen eigenen Worten unterordnen. Sie ist, was bei dem Schinkel so nahe stehenden Künstler verwundert, nicht pflanzenhaft-organisch, sondern verfestigt. Das zeigt sich schon an den Balkonpfeilern in Glienicke (Abb. 22) im Kontrast zu den nach Schinkel gezeichneten Ranken an der Löwenfontäne (Abb. 24). Voluten sind bandartig und diamantiert (Abb. 141), Palmetten und Rosetten wie gestanzt (Abb. 19, 134). Daher konnte er auch Kapitelle in spätromanischem oder maurischem Stil entwerfen (Abb. 59, 81). Lebendiger sind Figuren oder Tierprotome nach der Antike.

Im Fehlen belebter Details liegt auch der Unterschied zur klassischen Moderne, deren Architekten Persius seit den 1920er Jahren wiederentdeckten. Der moderne Aspekts von Persius' Bauten tritt schärfer hervor, wenn im Winter die ihnen so wichtige Umgebung grünender, blühender Natur fehlt. Noch weit empfindlicher gestört sind sie durch Vernachlässigung, Verunstaltung oder Beschädigung. Mehr als vielleicht bei manchen anderen Bauten hängt ihre Wirkung von einem reinen, gewissermaßen idealen Zustand ab. Leider sind – ungeachtet des Stolzes der Stadt Potsdam auf ihren Architekten – vorzügliche Werke wie die Villen Tiedke und Schöningen akut gefährdet.

Heinz Schönemann
Im Schatten Schinkels

Karl Friedrich Schinkel ist eine so überragende Erscheinung in der europäischen Baukunst gewesen, dass es schwerfällt, an seinen Schülern und Nachfolgern das Eigenständige ihres Œuvres zu erkennen. Zu leicht wird ein unvermeidlicher Qualitätsabfall als Zeichen einer neuen Zeit gedeutet, zu schnell werden epochemachende Spätwerke zu »Werkstattarbeiten« erklärt, zu oberflächlich wirkliche Neuerungen übersehen.

In besonderem Maße gilt das für Ludwig Persius, denn ihm fiel es nach Schinkels Krankheit und Tod 1840/41 zu, als »Architekt des Königs« in Potsdam und der engeren Umgebung die Ambitionen Friedrich Wilhelms IV. zur Veredelung einer ganzen Landschaft weiterzuführen. Für diese Aufgabe blieben ihm nur fünf Jahre bis zu seinem eigenen frühen Tod 1845; und danach hatten andere sie noch fast ein Jahrzehnt lang fortzusetzen, solange der künstlerische Impetus des Königs anhielt.

Schinkel hatte schon die Ausbildung des ins Potsdamer Zimmerergewerk eingetretenen und über Planzeichnen und »Feldmeßkunst« aufstrebenden Persius gefördert, indem er ihm Aufmaßarbeiten zur Finanzierung seines Studiums übertrug. 1822 stellte er dem knapp Zwanzigjährigen neben dem Aufmaß von einem Commun des Neuen Palais in Potsdam den Entwurf für ein ländliches Anwesen als Aufgabe für die Baumeisterprüfung: ein Gegenüber von »schöner Baukunst« und Landbau – wohl auch von Symmetrie und freier Komposition.

Den jungen Baukonducteur ließ er sogleich die örtlichen Gegebenheiten in Krzeszowice recherchieren, um Graf Potocki zu der offensichtlich überzogenen Planung von Percier und Fontaine für Schloss und Kirche beraten zu können. Schinkels folgender Entwurf, nach dem dann lediglich die Kirche ausgeführt wurde, reduzierte den baulichen Aufwand, steigerte aber die Architektur durch Einbeziehung der natürlichen Situation. Daran hatte Persius durch seine Erkundungen einen zwar bescheidenen, die eigene Haltung jedoch prägenden Anteil.

Schon als Persius 1821 für Schinkel zu zeichnen begann, waren dessen Arbeiten in Potsdam von dem Bestreben charakterisiert, das Gefüge seiner Bauten in separate Teile aufzubrechen, um ein freieres Arrangement an die Stelle strenger Symmetrie treten zu lassen. Gleichzeitig mit dem Bau des Schauspielhauses in Berlin und unter Abwandlung der dabei entwickelten Fassadengliederung entstand in Potsdam das Zivilkasino. Erzwangen die Stadtgestalt des Gendarmenmarkts und die Vorstellung eines repräsentativen Theaterhauses die symmetrische Konsequenz einer »Pyramidalform«, zu der die drei unterschiedlichen Funktionen dienenden Teile des Gebäudes zusammengeführt sind, so legten in Potsdam ein »sehr unregelmäßiges Grundstück« und »viele Communicationen« nahe, die verschiedenen Säle und Zimmer des Kasinos in gelösterer Weise aneinander zu binden. Besonderen Reiz erhielt diese Komposition dadurch, dass zur Straßenfront der Anschein von Symmetrie gewahrt blieb.

Umgekehrt zeigte sich der Entwurf zu dem Lusthaus, das »an einem der Seen von Potsdam einen kahlen Fleck der Gegend malerisch ausfüllen sollte«, unregelmäßig in allen Ansichten, musste dabei aber ganz symmetrisch bleiben, schon weil »die vier Theilnehmer des Baues« völlig gleich behandelt sein wollten. Doch als es

darum ging, die spätgotische Fassade eines Patrizierhauses aus der Danziger Brotbänkengasse auf der Pfaueninsel unterzubringen, konnte beim Umbau des 1804 von Ludwig Krüger errichteten kleinen Kavalierhauses von Symmetrie keine Rede sein; vielmehr wurde das Haus gotisch dekoriert und erhielt einen stark erhöhten rechten Turm.

Ab 1824 arbeitete Persius unter Schinkel für den Prinzen Karl in Glienicke. Schinkel war hier schon bei dem Vorbesitzer, dem Staatskanzler Hardenberg, zusammen mit Peter Joseph Lenné, der 1816 mit der Neugestaltung des Gartens begonnen hatte, tätig gewesen. Die Pläne, die Persius nun auszuführen hatte, sahen wohl an einigen Gebäudeteilen symmetrische Fassaden vor, waren aber im Grunde gänzlich gelöst von strengen Achsensystemen und Symmetrie. Die Feststellung, Schinkel sei freier in Potsdam und durch seine Zusammenarbeit mit Lenné in einer loseren und weniger klassischen Art der Komposition bestärkt, ist eigentlich zuerst auf Glienicke zu beziehen.

Nachdem 1825 dem Kronprinzen mit Charlottenhof am südwestlichen Rand des Parkes Sanssouci ein neu erworbenes Grundstück zum Sommersitz in frei gestalteter Parklandschaft zugestanden worden war, hatte sich Schinkels Aufmerksamkeit hierauf zu konzentrieren. Seine ersten Zeichnungen für den Umbau des vorhandenen Gutshauses und dessen Einbindung in die von Lenné großzügig angegebenen Gartenformen markieren eine rechteckige Einhegung des Hauses, mit der er auf die überkommenen Flächen des ehemaligem Wirtschaftshofes und Hausgartens reagiert. Indem er diese Flächen mit architektonischen Formen artikuliert, reflektiert er damit auch sein Reise-Erlebnis von 1804 der »Gartenkunst der Alten, welche im 15ten Jahrhundert in Italien, nach dem Studium der classischen Schriftsteller, und vorzüglich durch Beschreibungen, welche Plinius von seinen Villen uns hinterlassen hat, wieder in Anwendung gekommen ist« (Pückler). Zur größeren Form fügt er an der südöstlichen Gartengrenze beim Schafgraben eine kleine Parallele mit dem detailliert eingezeichneten Grundriss einer langgestreckten Dependance ein. Ein Grundrissvergleich erweist, dass es sich dabei um die Wiederaufnahme einer Zeichnung handelt, die Sievers 1942 als »Entwurf eines vielleicht für Glienicke geplanten Hofbedientenhauses« abgebildet hat. Es ist aber der Entwurf für ein mit Pumpwerk und Wasserturm verbundenes Gärtnerhaus; deutlich erkennt man in dem schmalen und hochgereckten Bauteil, das die übrigen Räume hinterfängt, das von Schinkel beschriebene große Tretrad für die Pumpe. Die Situation am hohen Ufer eines größeren Gewässers in landschaftlich reicher Umgebung ist mit zeichnerischer Lust ausgeführt; auf dem höchsten Punkt erhebt sich über quadratischem Grund der mächtige Turm für das Reservoir, davor streckt sich die Pergola dem Ufer entgegen. Landseitig folgt dem Turm ein zweiachsiger Bauteil mit flachem Satteldach, unter dessen Traufe der offene Dachstuhl zu erkennen ist, dann noch ein kleinerer Turm; über dem Dach erscheint der charakteristische südländische Schornstein aus einer keramischen Säule mit aufgeweitetem Kragen; die Rückseite wird von dem Raum des Tretrads eingenommen. Den Abschluss zur wieder abfallenden Landseite bildet eine große Rundbogenöffnung mit darin aufwärts führender Treppe und einer Laube darüber. Langgestreckt ist das Grundstück von einer zinnenbekrönten Mauer umgeben, die am Ende noch ein Stallgebäude einschließt.

Das signierte Blatt zeigt den naturverbundenen Bau in völliger Freiheit, ohne jede Bindung an Vorlagenbücher oder Regeln der Symmetrie; ganz aus unverstellter Anschauung zu neuer Funktion geordnet und damit ein Schlüsselwerk für den romantischen Zug in Schinkels Œuvre. Wenn dieser Entwurf ursprünglich für Glienicke entstanden ist, wie Sievers' Fundort nahelegt, kann er nur eine um 1824 erwähnte Planung zur »Anlage von Wasserkünsten« darstellen. Doch in diesem Jahr war erstmalig in einem Garten des preußischen Königs auf der Pfaueninsel eine Dampfmaschine zum Einsatz gekommen; da mochte Prinz Karl sich nicht mit einem Tretrad begnügen. Schinkels früher Entwurf zu einem pittoresken Gegenpol der klassischen Villa hatte keine Chance, ausgeführt zu werden.

In Charlottenhof folgte die Entscheidung zum Einsatz einer Dampfmaschine auf Schinkels Englandreise 1826 mit den bekannten weitreichenden Folgen für die gesamte Gartenplanung. Die bereits in Glienicke verworfene Zeichnung wurde ein weiteres Mal beiseite gelegt. Neues Gewicht erhielt sie nach der Rückkehr des Kronprinzen von seiner Italienreise 1828 und der Fertigstellung des Schlosses Charlottenhof 1829 im zeichnerischen Dialog zwischen Schinkel und seinem Bauherrn zum Hofgärtnerhaus (Abb. 111). Die lineare Reihung der Baukörper, die in Glienicke orts- und funktionsbedingt war, setzt sich in den Skizzen des Kronprinzen und selbst in Schinkels ersten Entwürfen zum neuen Standort fort, bis Schinkel der nach allen Koordinaten raumgreifende Wirbel um den zentralen Turm gelingt.

Persius wurde davon berührt, als er 1831 seinen ersten selbständigen Auftrag erhält, dem Haus des Hofgärtners Handtmann (Abb. 113) eine neue Fassung zu geben, um für Charlottenhof eine würdige Eingangssituation von Sanssouci her zu schaffen. Denn Friedrich Wilhelm III. hatte sich bei der Übergabe an den Kronprinzen eine Brücke über den Graben aus dem Park Sanssouci in die neuen Anlagen ausbedungen. Von dieser Brücke führte Lenné eine mit Weingehängen zwischen den Stämmen geschmückte Allee über das Gelände der friderizianischen Kunstmühle, auf deren Brandruine von Heinrich Manger 1788 das neue Gärtnerhaus mit aus der Achse versetztem kleineren Gehilfenhaus errichtet worden war. Persius veränderte die Kubatur beider Bauten unter Beibehalt ihrer Außenwände durch Aufstockung und versah den Hauptbau mit einem flachen Satteldach, das Nebenhaus mit gestaffelten Pultdächern. Das angestrebte italienische Flair suchte er durch Annäherung an zeitgenössische Reisebilder, darunter wohl Schinkels Notizen zur Villa Borghese. Außer einer aufgeschmückten Form war mit dieser ersten Etappe jedoch wenig erreicht; vor allem die auf dem Wiesenstück zwischen Park- und Schafgraben belassenen Bauten, ein Holzstall und ein Schuppen, störten Lennés und Schinkels Vorstellung. Erst die zweite Entwurfsphase führte 1833/1834 zu dem gestreckten Ensemble, das sich wie eine Zeile vor die neuen Gärten beim Hofgärtnerhaus legt. Gelungen ist dies durch Verlängerung des Hauptbaus um einen niedrigeren zweigeschossigen Teil in Richtung Westen, der mit einem Wächterturm am Schafgraben endet und dessen Rundbogen-Durchgang den Blick auf den Turm des Hofgärtnerhauses freigibt. Vergleicht man das Ergebnis mit der Glienicke-Zeichnung, ist das wohl von Schinkel selbst angeregte Vorbild unverkennbar.

Wenig später kehrt die Glienicke-Zeichnung an ihren ursprünglichen Ort zurück, als 1836 das Pumpenhaus in Glienicke nunmehr für eine Dampfmaschine in Angriff genommen wurde. Von der Ausrüstung für die neue Technik abgesehen, war die ästhetische Aufgabe des Bauwerks die gleiche geblieben: ein malerischer Blickfang, der gleichzeitig den intimeren Bezirk beim Pleasure-ground und die »wilderness« des Waldparks wie eine Trennwand scheidet. So reihen sich jetzt das kleine tempelartige Haus für die Maschine am seeseitigen Hang, der mächtige Turm für das Reservoir auf der Höhe und das langgestreckte Wohnhaus für Pumpenwart und Gärtner mit der in den Park vorstoßenden Pergola hintereinander wie die kleinteiligeren Bauteile von ehedem; nur der hohe Rundbogen ist aus statischen Gründen in die Mitte zwischen Turm und Haus gerückt, so wie das Schinkel an der Kirche in Petzow vorgebildet hatte (Abb.9). Die pittoreske Leichtigkeit der frühen Vedute ist allerdings verloren gegangen. Dafür bestätigt Persius hier unter Schinkels Ägide seine Fähigkeit, klar umrissene Körper zu bilden und sensibel zueinander in Beziehung zu setzen. Das hatte er zuerst an seinem gleichzeitig entstandenen Wohnhaus in eigenem Auftrag vorgeführt, diesem auf das Notwendigste beschränkten und dadurch ganz konzentrierten Bau von fast kristalliner Geschlossenheit.

Schinkel, der in Charlottenhof jede altertümelnde oder malerische Hülle für die Maschine verworfen hatte, wird die verfestigte und überhöhte Ausführung seines zurückliegenden Entwurfs durch Persius um so eher hingenommen haben, als er inzwischen andere Prämissen an diesem Ort sah. Das 1824/25 in engster Kooperation mit Lenné zum Kasino umgewandelte Billardhäuschen war durch den Bau der Großen Neugierde in weitgreifende Bedeutungszusammenhänge geraten. War man vormals über die leicht aus der Achse der weit ausgreifenden Pergola verschobene Treppe vor die Eingangstür des Kasinos gelangt, hatte man durch den Kaminspiegel des Entrees den Eindruck völliger Durchsichtigkeit des Hauses erfahren; nun aber erblickte der Eintretende im Spiegel über dem Kaminfeuer den Altar des Todes (vom Grabmal des Lysikrates auf der Neugierde) als sein eigenes Ziel, sobald er das Kasino durchschreitet. Als Gegenbild beim Verlassen des Hauses wirkte jetzt der massive Bau von Persius mit dem aufragenden Turm und dem hohen, runden Tor wie eine Verheißung in der Ferne.

Nicht immer gingen die schöpferischen Interessen Schinkels mit der Ausführung durch Persius überein; das führte jeweils zu energischen Korrekturen. Dafür seien zwei Beispiele genannt: Östlicher Abschluss der Gartenterrasse von Charlottenhof ist eine große Exedra, von der sich der Blick öffnet auf Haus und Landschaft wie in einem antiken Theater. Die Exedra zitiert die Rundbank über dem Grab der Priesterin Mammia in der Gräberstraße von Pompeji; auch in Charlottenhof sitzen die Betrachter auf den Gräbern der Vorfahren.

Persius ließ aber die halbrunde Mauer mit den Urnennischen unter der Bank sorgfältig verputzen wie alle anderen Mauern auch. Schinkel kam, und er musste den Putz wieder abschlagen; der Mitarbeiter hatte zu begreifen, dass ein Bauteil nicht nur ein Bauteil sein, sondern auch eine Aussage tragen soll. Der andere Fall trat bei der Detailplanung zum Hofgärtnerhaus ein und war schwerwiegender. Zu den Vorzügen von Schinkels Architektur zählen, stets überraschend, aber von zwingender Logik. Beim Hofgärtnerhaus gehört dazu das geistvolle Zitat der gegenläufigen Treppe aus seiner Dekoration zur *Zauberflöte* unter der großen Laube als Zugang zur Gehilfenwohnung und weiter »in

die Höhe zur Terrasse über dem Bogen und der Bogenhalle, wo man angenehme Aussichten der Anlage genießt«. Der wichtige Eingang in das gemeinsame Vestibül für die Wohnung des Hofgärtners, sein Dienstzimmer und die Appartements für herrschaftliche Gäste im Obergeschoss liegt an der Westseite des Hauses; man erreicht ihn, indem man vom Zugang aus dem Garten vor der großen Laube nach rechts abbiegt und unterhalb der Pergola am Haus entlanggeht, sich dann umwendet, parallel zum Haus die Treppe zur Pergola aufsteigt und in der Weinlaube bis zur Eingangstür geführt wird. Für die Angabe des Kücheneingangs waren Persius zwei Achsen der Nordseite vorgegeben; er wählte die linke aus und errichtete davor eine direkt auf die Tür zulaufende Treppe. Das wurde noch auf der Zeichnung korrigiert: Schinkel verlängerte die Pergola um die Ecke herum und schloss einen Küchenaustritt vor der rechten Achse an, die zur Tür wurde, dann führte er die Treppe von links an der Hauswand nach oben. Zusätzlich schuf er durch eine offene Umbauung einen getrennten Wirtschaftsbereich.

Dennoch blieben Eingänge und besonders ihre Treppen Schwachstellen auch bei Persius' künftigen Planungen. Das zeigte sich sogar in unmittelbarer räumlicher und zeitlicher Nähe zum Hofgärtnerhaus an der ab 1842 entstandenen Fasanerie. Vor deren Turm und Hauseingang (Abb. 102) liegt ein Durchgang, beiderseits mit hohen Rundbogen geöffnet, von denen aus Stufen auf das ins Haus gerichtete Mittelpodest führen sollten. Der Durchgang war dadurch als Verbindung zwischen Nord- und Südseite der Baugruppe entwertet, denn man musste auf- und wieder absteigen, um ihn zu passieren. Zeitgenössische Darstellungen zeigen, dass hier bis zum Ende des Jahrhunderts immer wieder unbefriedigende Änderungen erfolgten.

Auch zwischen den Beamtenhäusern der Dampfmahlmühle ist die einladende Arkade aus drei weiten Rundbogen durch Treppen verbaut (Abb.60). Wiederum führte Persius die Stufen ungeschickt beiderseits im rechten Winkel direkt auf die Haustüren zu und verstellte damit die beiden äußeren Bogen. Statt einer großzügigen Halle für Besucher und Passanten blieb nur ein verunklärter Raum mit beschränktem Durchgang.

Es ist Persius bei keinem seiner Bauten gelungen, einen solchen kommunikativen Raum als Schlüsselfigur zu schaffen wie die große Laube beim Hofgärtnerhaus. Vom königlichen Auftraggeber von Turm zu Turm gehetzt, war ihm weder Gelegenheit noch Besinnung gegeben, »angenehme« Lösungen für die Zwecke seiner Bauwerke zu finden, so dass an ihrer Nutzung »ein unausgesetztes Vergnügen ... vorbehalten« blieb; es war auch nicht mehr die Zeit für »mancherlei Gedanken idyllischer Art«. Und doch beeindrucken seine Schöpfungen, ob als Türme oder Zeilen, dank ihrer vedutenhaften Wirkung in den unterschiedlichsten Landschafts- und Straßenräumen bis heute.

Man wird deshalb wohl an seinem eigenen Haus die eigentliche Begabung von Ludwig Persius zu erkennen haben, auch mit einfachsten Mitteln aus klaren kubischen Formen immer aufs Neue überzeugende Konstellationen für wechselnde Bauaufgaben zu entwickeln. Hatte doch der junge Anfänger an Schinkels Entwurf für Krzeszowice erleben können, wie sich durch den Kunstgriff nach innen geneigter Dächer die kristalline Reinheit eines Baukörpers entwickeln lässt, und sah es eben jetzt wiederum an der epochalen Erscheinung der Bauschule. Nun erlaubte allerdings ein bescheidenes Wohnhaus

nicht den für diese Dachform erforderlichen Innenhof; durch ein Sammelgefäß in der Hausmitte zur Ableitung des Regenwassers wurde sie dennoch möglich. Zusätzlich ergab eine solche moderne Adaption des antiken Impluviums sogar eine zentrale Wasserversorgung des Hauses weit über dem damaligen Standard. In reiner Gestalt verwendete Persius ein Impluvium bei dem kleinen Atrium im Paradiesgärtlein; die nach innen geneigten Dächer ermöglichten hier einen frei stehend umlaufenden Metopenfries, der anstelle von Triglyphenreliefs quadratische Öffnungen für monumentale farbige Glasvasen aufwies, was einen enormen Effekt erzielte (Abb. 125).

Persius verlieh seinem Haus den Anschein von Größe durch den Kontrast zweier winziger Torhäuschen in der Umfassungsmauer (Abb. 136); mit dem rustifizierten Würfel des Hauses und seinem kleineren satteldachgedeckten und glattgeputzten Anbau spielte er noch auf den überkommenen Gegensatz von Palast und Hütte an. Das Haus Persius begann eine geplante Villenbebauung als romantischen Straßenzug zwischen dem Park Sanssouci und dem Weichbild der Stadt. Schon Schinkel hatte hier in der jetzigen Weinbergstraße malerische Häusergruppen vorgesehen, als er auf Wunsch des Kronprinzen ein Friedrichsdenkmal über dem Weinberg skizzierte. Auch Persius wurde 1838–41 mit diesem Projekt befasst; er entwarf dem König in der Senke unterhalb des geplanten Denkmalbergs eine Reitbahn in Form des Circus Maximus, dessen triumphale Torarchitektur Knobelsdorffs Obelisken gegenüberlag. Rund um den Circus waren Wohngrundstücke für eine weitere Vorstadtbebauung ausgewiesen.

Zu Schinkels Epochenschritten zählt die Adelung der Dampfkraft. Nach der großen Reise mit dem Wirtschafts- und Technikpionier Peter Beuth 1826 in das Zukunftsreich auf den britischen Inseln, wo »die Maschinen eigentlich ihr Wesen treiben«, war er von dem elementaren Phänomen der Dampfkraft ergriffen und überzeugt, dass man ihm Tempel bauen müsse. Auf der Pfaueninsel wurde die Maschine noch in einem unauffälligen Wohn- und Werkstattgebäude von spätbarockem Duktus untergebracht; Schinkels erste Dampfmaschine dagegen erhielt einen Würfel als Gehäuse, einen autonomen Körper wie die Kegel, Kugeln und Würfel Ledoux', von denen ihm in seiner Jugend Friedrich Gilly berichtet hatte. Doch stand für ihn »das Maschinenwesen« nicht »der poetischen Natur ... entgegen« (Beuth), der Würfel diente zugleich als erhöhter Aussichtsplatz über dem Rosengarten von Charlottenhof. Persius oblag die Ausführung weiterer Maschinenhäuser in mehreren Industriebauten und für herrschaftliche Gärten wie in Glienicke (Abb. 9), so auch an der Neustädter Havelbucht (Abb. 73), in Babelsberg (Abb. 41) und am Ufer des Neuen Gartens (Abb. 83). In Babelsberg, wo mindestens der Standort durch die Ausrichtung der Pergola vor den Wohnräumen des Schlosses noch von Schinkel vorbestimmt war, inszenierte Persius die unter einem Oberlicht senkrecht aufgestellte Maschine wie ein Kunstwerk, das über eine Besichtigungsgalerie in der Beletage bestaunt werden konnte (Abb. 44). Von dem um den Fuß des großen Schornsteins gelegten hölzernen Rundlaube konnte man hinübersehen nach ihrem klassischen Vorbild, der Großen Neugierde in Glienicke.

Andreas Meinecke

»Wir betrachten vielmehr die strengen Regeln der Symmetrie für diese Aufgaben als ganz abgekommen.« Zur Anwendung von Symmetrie und Asymmetrie bei Persius

Es sind vor allem die von Persius erbauten Villen, Landhäuser, Etablissements und Maschinenhäuser, bei denen das Phänomen von asymmetrischen Kompositionen wahrzunehmen ist. Die Villa Illaire (1843–46; Abb. 127 bis 134) etwa ist malerisch in die Umgebung des Parkes Sanssouci eingefügt und entfaltet ihren Reiz durch eine Vielzahl geometrischer Elemente. Aus verschiedenen Blickachsen besehen, stellt sich für den Betrachter ein Wechselspiel unterschiedlichster Kuben ein, so dass es schwerfällt, sich ein schlüssiges Bild zu machen. Von der Allee nach Sanssouci kommend, fällt die Staffelung vom Dach des Pavillons über das Dach des oberen Säulengangs bis zu demjenigen des Wirtschaftsgebäudes auf. Als Zentrum der Anlage nehmen wir zunächst den mittleren hohen »Wohnkubus« wahr. Dieser wird an der nördlichen Seite von einem kleineren Kubus und nach Süden hin von einem Kubus mit einem flachen Satteldach auf hohem Sockel flankiert, vor den ein Säulengang gestellt ist – eine scheinbar regellose Einrichtung, die so gar nicht zu dem symmetrischen zentralen Baukörper zu passen scheint. Von Norden her ergibt sich für die Villa ein ganz anderes Bild. Der mittelgroße Kubus gibt sich nun als ein mit dem großen offenbar konkurrierender »Wohnkubus« zu erkennen. Die gegeneinander versetzten Kuben schaffen eine Spannung, die die Empfindung von wohlproportionierten Baukörpern erzeugt. Die Südwestseite der Villa gewährt wieder andere Einblicke. Neben den Volumina wirken nicht nur die glatten Wandflächen, sondern die pointiert gesetzten Verzierungen, wie Fensterstäbe mit Figuren, Horizontalgesimse oder Putzquaderungen. Bei der Ansicht der Westseite ist der Blick durch ein Wirtschaftsgebäude und die Einhausung begrenzt, womit die Aussage bekräftigt wird, dass es sich bei dem Bautyp um eine ländliche Villenanlage mit einer Wirtschaftseinheit handelt, die in der italienischen Renaissance als »fabbrica« bekannt war. Das Phänomen dieser Architektur besteht in einer sehr variablen Grundrissstruktur. Zudem treten Charaktermerkmale, wie das Malerische – im Englischen »the picturesque« genannt – das Poetische und die architektonische Vielfalt hinzu.

Welche Entwurfsprinzipien hat Persius angewandt, um den Anlagen diesen Charakter zu verleihen? Erstens: Die Entwicklung des Baues erfolgt von innen nach außen nach den Kriterien der Zweckmäßigkeit und Bequemlichkeit. Daher wird das Gebäude zuerst aus dem Grundriss entwickelt, die Wand- oder Fassadengestaltung ist zunächst zweitrangig. Jedoch hat die neueste Kritik (Kürvers 2003, S. 47–55) gezeigt, dass dieses Prinzip oft nicht durchgehalten wurde und die Bewohner eine Reihe von Unbequemlichkeiten hinnehmen mussten, weil doch die äußere Erscheinung – auf Befehl des Königs – im Vordergrund des Entwurfsprozesses stand. Zweitens: Die Konstruktion tritt »unverkleidet« nach außen in Erscheinung und erhält ein sparsames Decorum. Auf die klassischen Säulenstellungen wird weitgehend verzichtet. Allerdings werden die Gebäude deshalb nicht regellos dimensioniert, sondern die den »ordini« zugrunde liegenden Maße, die sich in der klassischen Architekturtheorie auf ein Vielfaches des unteren Säulendurchmessers beziehen, werden auf die plastischen Baukörper angewandt. Die Architektur wirkt daher weniger »sprechend« und ist nicht allein als toskanisch oder korinthisch zu klassifizieren. Ein weiteres Prinzip ist die oft zitierte Einbettung in die umgebende Landschaft. Die Bauten sind fast ausschließlich auf Vielansichtigkeit konzipiert, freistehend in der Parklandschaft platziert und bilden Sichtachsen zu gegenüber gelegenen Schlössern oder Parkgebäuden. Exemplarisch lässt sich das an der Stellung der Villa Schöningen (Abb. 137), der Handtmannschen Meierei (Abb. 113, 114) und der Maschinenhäuser Babelsberg (Abb. 41–45) und Sanssouci (Abb. 73–81) studieren. Weitere Gestaltungsprinzipien waren die Gruppierung und Staffelung verschiedener Gebäudeteile, die eine Abkehr von der klassizistischen horizontalen Schichtung von Fassaden bedeutete, die Konstruktion flacher Dächer und letztendlich die Verwendung asymmetrischer Kompositionen.

Welche Gründe waren es, die Persius bewogen, sich von dem Regelkanon des Klassizismus zu entfernen und die Methode der asymmetrischen Gruppierung zu favorisieren? Persius selbst hat einige Gründe dafür im Vorwort des von ihm im Auftrag des Königs publizierten Werkes *Architektonische Entwürfe für den Umbau vorhandener Gebäude*, 1.–4. Lieferung, Potsdam 1843 bis 1849, angegeben. Bezeichnenderweise bildeten nicht Neubauten, sondern die Präsentation von Umbauten das Generalthema der Veröffentlichung. Als oberstes Kriterium der Umgestaltungen definierte Persius die Verschönerung der Parkumgebung nach malerischen Gesichtspunkten. Die an Sichtachsen innerhalb der königlichen Parkanlagen gelegenen vorgestellten vier Gebäude, »deren vernachlässigtes Äußere hier oder bei einem weiteren Überblick der Gegend von einem Höhenpunkte aus, störend einwirken [könnte, sollte] einer Umgestaltung ... von einem ... artistischen Standpunkte aus« unterzogen werden. Die Vorbilder für die Umgestaltungen sah Persius in den oberitalienischen und römischen Villen der Renaissance, die mit römisch- oder griechisch-antiken Elementen, wie dem Impluviumdach und dem Peristylhof, kombiniert wurden, und in den Rekonstruktionen der Plinius-Villen. Bezüglich der Anwendung der Asymmetrie lesen wir bei Persius: »Es wird bei der Darstellung des Aeußeren dieser ländlichen Gebäude besonders auf eine der inneren Disposition überall entsprechende Formenbildung abgesehen sein, weshalb ganz davon abgestanden werden muss, die etwa bei den zum Umbau gegebenen Gebäuden vorgefundene Symmetrie zu erhalten, oder eine solche herzustellen. Wir betrachten vielmehr die strengen Regeln der Symmetrie für diese Aufgaben als ganz abgekommen, und müßten uns gegen dieses Prinzip, das in der That zeither großes Unheil angerichtet, und in vielen Fällen der freien Entwicklung in der Architektur unseres Zeitalters beklagenswerthe Hemmnisse entgegengestellt hat, durchaus feindlich erklären. Denn betrachten wir die noch in neuester Zeit nach symmetrischen Regeln aufgeführten ländlichen Gebäude, so werden wir leider zu dem Geständnis geführt, dass die Baumeister, um diese an und für sich todten Regeln durchzuführen, alle anderen Anforderungen, welche die innere bequeme Einrichtung hervorrief, oder die aus der Eigenthümlichkeit des Bauherrn, oder aus den interessanten Zufälligkeiten der Situation entsprangen, vernachlässigten ...; und wir werden leider gestehen müssen, dass über der Bestrebung der einmal vorangestellten Symmetrie zu genügen, alle Freiheit für die zweckmäßige und bequeme Disposition des Innern, und für die darnach bedingte artistische Gestaltung des Aeußeren verloren ging.« Die Nebengebäude sollten zu dem variablen, asymmetrisch komponierten Erscheinungsbild der Villenanlagen beitragen und als »detachirte Theile« mit der Villa in Korrespondenz treten. Bei der Ausschmückung der Kuben plädierte Persius für eine sparsame Ornamentierung, um die Proportionen möglichst unverfälscht zur Wirkung zu bringen.

An welchen theoretischen Gedanken konnte sich Persius in seinem beruflichen Umfeld orientieren? Da ist an erster Stelle sein Förderer Schinkel zu nennen. Schinkel erarbeitete zwischen 1804 und 1835 verschiedene Konzeptionen für das geplante *Architektonische Lehrbuch*, das jedoch seinerzeit nicht erschien. Persius hatte als Baukonduktor, Schüler und Freund engen Kontakt zu Schinkel, wie sonst nur Stüler, Soller und Salzenberg, wobei die beiden letztgenannten Schinkels Nachlass katalogisierten und sich in dessen Architektursystem auskannten. Nach heutiger Lehrmeinung sind fünf Fassungen des Schinkelschen Lehrbuchs zu unterscheiden (Peschken 1979, S. 1), deren Aussagen in bezug auf die Fragen der Konstruktion und Symmetrie differieren. Peschken unterscheidet eine romantische Planstufe (1803–05), eine national-romantische (1810–15), eine klassizistische (um 1825), eine technizistische (um 1830) und eine legitimistische Planstufe (um 1835). Dabei dürfte Persius vor allem von den Ergebnissen der letzten beiden Planungen von Schinkels Lehrbuch profitiert haben, die eine erkennbare Distanz zum strengen Regelkanon des Klassizismus aufweisen. Im Denken Schinkels hatte sich zwischen 1826 und 1835 ein Umbruch hinsichtlich der Frage der Symmetrie und Asymmetrie vollzogen. In den Jahren 1833–36 begann Persius relativ unabhängig von Schinkel, die ersten eigenständigen Bauten zu entwerfen, etwa die Villa Persius, die Villa Jacobs, die Handtmannsche Meierei (Abb. 113, 114) oder das Maschinenhaus in Glienicke (Abb. 9–11). Bis um 1825 orientierte sich Schinkel vor allem an der Lehre Durands und sah die Symmetrie als Voraussetzung für den Bau öffentlicher Gebäude an. Die auf der Englandreise 1826 gewonnenen Erkenntnisse führten Schinkel zu neuartigen, unklassischen Formen. Bereits in der technizistischen Planstufe des Lehrbuchs (um 1830) bezeichnete Schinkel die im Klassizismus vorherrschende Symmetrie nicht mehr als unabdingbar: »Vollständige Symmetrie ist durchaus nicht unbedingt bei allen Bauwerken nothwendig.« (Peschken 1979, S. 118.) Damit begründete er, dass bei unterschiedlichen Bauaufgaben die Asymmetrie eingesetzt werden kann. Aber auch »Geschichtliches Herkommen u Bestehendes, verschiedene Bestimmungen der einzelnen Abtheilungen eines Bauwerkes« können, Schinkel zufolge, gegen die allgemeine Symmetrie verstoßen. Die im Klassizismus fast dogmatisch praktizierte Anwendung der Symmetrie führte Schinkel dazu, diese nun als oberstes Gestaltungskriterium abzulehnen: »Die recht eigentlich moderne Symetrie wird ganz aus der Architectur verbannt werden müssen. ... Symetrie darf nicht leer werden. Bei Anlage der Bauwerke die natürlich gegebenen Motive recht benutzt für die Charakteristik der einzelnen Theile einer Bau-Anlage, lässt wirklich im Ganzen einen ganz unsymetrischen, dennoch höchst interessanten Plan zu.« Schinkels erstes konsequent asymmetrisch gestaltetes Bauwerk nach seiner klassizistischen Phase war das 1829 entworfene Hofgärtnerhaus in Charlottenhof (Abb. 111), an dem er diese Gedanken baulich umgesetzt hat. In der letzten, der legitimistischen Fassung des Lehrbuchs akzeptierte Schinkel mehr die »höheren Einwirkungen von Geschichtlichen und artistischen poetischen Zwecken« und damit die Anwendung der Asymmetrie und der malerischen Elemente. An erster Stelle standen nun die Pläne zu Landhäusern, ein Bautyp, der die wichtigste Erweiterung des bisherigen Lehrprogramms bildete, beispielsweise das »Landhaus in italienischem Stil« und das »Landhaus an einem Berg«. Bei letztgenanntem verband Schinkel symmetrische Raumgruppen zu einem malerischen asymmetrischen Ganzen, ähnlich dem Schloss Babelsberg.

Wie hat Persius selbst die theoretischen Prinzipien Schinkels und seiner Zeitgenossen verarbeitet? Zunächst hat er an dem 1829 von Schinkel entworfenen Gärtnerhaus in Charlottenhof als Kondukteur mitgewirkt und die erstmalige Anwendung »gemäßigter Asymmetrie« (Peschken 1979, S. 118) kennengelernt. Seine perspektivischen Ansichten, die er im Auftrag Schinkels zeichnete, stellen deutlich die Wirkung des Gebäudes auf der Grundlage der asymmetrischen Komposition heraus. Kurz danach realisierte Persius 1833/34 bei seinem Entwurf für das mit dem Hofgärtnerhaus von Charlottenhof im Zusammenhang stehende Handtmannsche Haus erstmals selbst asymmetrische Elemente im Villenbau. Die beiden Entwürfe, die Persius unter Schinkel in der Planungsphase des Schlosses Babelsberg (1831 und 1833) zeichnete, weisen eine asymmetrische Komposition auf. Allerdings war Persius dem durch die Prinzessin Augusta und Schinkel vorgegebenen Konzept eines englischen Landschlosses verpflichtet. Sein gotischer Entwurf (1831) orientierte sich direkt an einer Vorgabe aus den *Architectural Sketches* von Robert Lugar (1805, Taf. XXVI). Für die Praxis des Entwerfens waren für Persius die zeichnerischen Rekonstruktionen der Villen Laurentiana und Tusculum von Plinius d. J. von Bedeutung, die Schinkel (1833/35) und Haudebourt/Bouchet (1838) vorgelegt hatten. Sie enthielten Kompositionen mit kubischen Elementen, wiesen eine asymmetrische Gestaltung der Schauseiten auf und waren für den zeitgenössischen Villenbau von zentraler Bedeutung. Diese Zeichnungen dürften Persius zugänglich gewesen sein, da er sie im Vorwort seiner *Architektonischen Entwürfe* 1843 benennt. Das Prinzip der variablen asymmetrischen Kombination von Kuben wurde in Persius' Werk bei der Fasanerie (1842–44; Abb. 102–110), der Villa Jacobs (1836) und den Jäger- und Försteretablissements im Wildpark (1842/43; Abb. 148–154) angewandt. Der Ursprung der Asymmetrie ist also nicht aus der Notwendigkeit von Umbauten geboren, sondern resultiert aus Schinkels praktischem Vorbild und dessen theoretischen Äußerungen um 1830–35. Die Publikation der *Architektonischen Entwürfe* war auf Befehl Friedrich Wilhelms IV. entstanden und kann auch als ein architekturtheoretisches Bekenntnis gewertet werden, das für den Villen- und Landhausbau Gültigkeit hatte; eben für jenes Gebiet, für das Schinkel im technizistischen Konzept seines Lehrbuchs die Anwendung der Asymmetrie empfohlen hatte. Das Konzept der asymmetrischen Kombination fand jedoch keine dogmatische Anwendung, so dass Bauten mit besonderem Charakter entstanden, die eine Art Zwischenstellung einnehmen, nämlich das Zivilkabinettshaus (Abb. 163–165) vor dem Grünen Gitter von Sanssouci und die Villa Schöningen (Abb. 137). Das Zivilkabinettshaus, das in den *Architektonischen Entwürfen* von Persius vorgestellt wurde, wies nur an der Garten-

seite zum Park Sanssouci und zur Friedenskirche eine asymmetrische Front auf, nicht jedoch zur Straße. Die Straßenseite zeigt eine vollständig spiegelsymmetrische Aufteilung und besitzt einen strengeren Charakter. Hier dokumentiert sich die Stellung des Hauses an der Nahtstelle zwischen städtischem und höfischem Bereich. Auf eine andere Weise ist die Villa Schöningen bemerkenswert. Bei aller Betonung der malerischen Ansichten, die die Villa vom Schloss Glienicke, von der Glienicker Brücke oder vom Schloss Babelsberg aus bietet und auf die jene polysymmetrische Staffelung (Kürvers 2003, S. 49) im Aufriss berechnet ist, fällt auf, dass – ohne die sehr entwurfsnahen und späteren Veränderungen – der Grundriss vollkommen spiegelsymmetrisch konzipiert ist. Das Gebäude, das so reizvoll aus Kuben zusammengesetzt ist, sollte sich in der ursprünglichen Form über einem regelmäßigen Grundriss erheben, so wie es der 1845 publizierte Entwurf verdeutlicht. Dieser Entwurf ist nicht dem Vorgängerbau geschuldet, sondern beweist Persius' kongenialen Umgang mit diesem Thema. In diesen Kontext gehört auch die Ausprägung von axialen Richtungsgegensätzen. Die Hauptrichtungsachse würde man, vom Grundriss ausgehend, an der Berliner Straße erwarten. Diese Achse ist jedoch in ihrer Bedeutung reduziert und tritt gegenüber der durch die gestaffelten Kuben geprägten Seite zum Jungfernsee zurück, die mehrere axiale Ausrichtungen bietet und die wahre Schauseite darstellt.

Glücklichen Umständen verdanken wir die Möglichkeit, einen Blick in die Privatbibliothek von Persius werfen zu können. Das posthum aufgestellte Verzeichnis seiner Bücher weist eine Reihe von Titeln auf, die für unser Thema relevant sind (Begleitband 2003, S. 249). Darunter befindet sich unter den deutschen Titeln Carl Boettichers 1844 erschienene *Tektonik der Hellenen*, in dem dieser Schinkels Theorie auf das klassizistische Konzept des Lehrbuchs reduzierte. Boetticher überging damit im Gegensatz zu Persius die zwei späteren Planstufen von Schinkels Lehrbuch. Mit Blick auf die Anwendung asymmetrischer Kompositionen lieferte die englische Bauliteratur der Jahre 1800–40 bedeutende Beiträge. Lugar und Thomas F. Hunt (1827) offerierten gleichberechtigt neben neogotischen Vorbildern Villen- und Gartenhausentwürfe »in the modern or Italian style«. Thomas F. Hunt (1827), der die italienische Architektur auf die »simple domestic structure« angewendet wissen wollte, favorisierte kubische Elemente in seinen Landhäusern. Joseph M. Gandy gab in den *Designs of cottages* (1805) das »principle of variety« als »grand principle of beauty« für die Villen an. Kennzeichen seiner Entwürfe waren die variable Kombination von kubischen Formen (Taf. VI, XIX), der Verzicht auf sichtbare »ordini«, die Wirkung unornamentierter Wände und die flachen Satteldächer. Prägend waren seine Äußerungen, die sich auf die Asymmetrie bezogen. Er sah die »uniformity« als geeignet für die höheren Bauaufgaben an, bevorzugte im Villenbau jedoch das »picturesque«, die Einfachheit und Vielfalt. Der architektonische Entwurf solle »composed of parts, dissimilar, though harmonious« sein. Interessant ist der Hinweis Gandys, dass regelmäßige Bauten in malerische Architektur, etwa durch Wegnahme eines Flügels, verwandelt werden können; ganz so, wie es Persius 1843 formuliert und bei den Umbauten praktiziert hatte.

Allen voran hatte jedoch John Nash (1752–1835) nach 1800 Dutzende von Landschlössern in England erbaut,

die Mustervorbilder an Bequemlichkeit und variabler Komposition waren. Augustus Welby Northmore Pugin (1812–1852), einer der Wegbereiter der englischen Neogotik und neben Schinkel und Viollet-le-Duc der einflussreichste Theoretiker des 19. Jahrhunderts, hatte dafür plädiert (*The true principles* 1841), vom zweckmäßigen Grundriss anstelle vom Aufriss auszugehen und dadurch malerische Schönheit zu kreieren.

Außer dem Werk von Goury und Jones über die Alhambra hat Persius allerdings keines der englischen Werke besessen. Diese Entwicklungslinie muss ihm über Schinkel und seine Tätigkeit am Schloss Babelsberg bekannt geworden sein. Zu den Büchern, die Persius kaufte, zählten dagegen vor allem Werke französischer Architekten, wie François Blondel, Jacques-François Blondel, Charles Normand, Charles Percier, Pierre François Léonard Fontaine sowie Jean Rondelet. Infolge der Begriffsdefinition von Perrault, der den seit Vitruv gültigen Symmetriebegriff – Proportion der Teile zueinander und zum Ganzen – in die axiale spiegelbildliche Symmetrie und die Proportion aufgespalten hatte, war die spiegelbildliche Symmetrie zu einem Dogma klassizistischen Architektur geworden. Schinkels Architekturlehrer in Paris, Jean-Nicolas-Louis Durand (1760–1834), brach mit der vitruvianischen Tradition und entwickelte mit dem in Auf- und Grundrissen anzuwendenden Rastersystem eine kombinatorische Entwurfslehre. In dem Werk *Précis des leçons d'architecture* (1802–05) führte er Kombinationsreihen für unterschiedlichste Gebäudetypen vor, die vorbildlich für eine ganze Generation von Architekten wurden. Die Entwurfsmethode Durands förderte die Anwendung von asymmetrischen kubischen Elementen entsprechend der Bauaufgabe. Die additive Gruppierung von Baukörpern auf der Basis eines Grundmoduls bildete eine zentrale Aussage des theoretischen Werkes von Durand. Für die Verbreitung dieser Ideen war auch Charles Pierre Joseph Normand, ein Nachfolger Durands, verantwortlich, der 1815 ein Vorlagenbuch für jene architektonischen Kombinationen lieferte. Persius könnte dieses Werk bekannt gewesen sein, da er ein anderes Buch von Normand, *Nouveau parallèle des ordres d'architecture* (1825) für seine Bibliothek kaufte.

Die französischen und englischen Werke dürften gleichermaßen Einfluss auf Persius' theoretische Beschäftigung mit dem Thema der Symmetrie und Asymmetrie ausgeübt haben, unabhängig von der jeweiligen Stilvorgabe. Vielleicht war Persius in der historisch kurzen Zeitspanne von 1840 bis 1845 auch deshalb so erfolgreich, weil er die neuen architekturtheoretischen Tendenzen, die mit dem starren klassizistischen System brachen, konsequent und mit Förderung seines königlichen Auftraggebers im Villenbau umsetzte. Gerade Persius' Leistung auf dem Gebiet der Villenarchitektur haben Henry-Russell Hitchcock sowie Peter und Roger Fleetwood Haskell Ende der 1920er Jahre während ihrer Beschäftigung mit Persius dazu veranlasst, ihn an den Anfang einer Entwicklungslinie der klassischen Moderne zu stellen, die zu Frank Lloyd Wright führte.

Stefan Gehlen

»... eine Menge von Unbequemlichkeiten und konstruktionellen Übelständen ...« Zur Nutzung und Erhaltung der Bauten von Persius

Das architektonische Werk von Persius präsentiert sich heute in zwei Extremen. Während einige Bauten nach jüngster Restaurierung frisch »in altem Glanz« erstrahlen, bieten andere ein Bild der Vernachlässigung und des Verfalls. Da sich viele Baudenkmale in Potsdam heute in einem besseren Zustand befinden, liegt die Vermutung nahe, dass der schlechte Zustand und Leerstand einiger Bauten von Persius mit ihrer Bauweise in Verbindung stehen. Dies wird nicht zuletzt durch die Kritik angedeutet, die bereits zur Bauzeit der Architekt und Publizist Joseph Egle geäußert hatte. Egle missfiel besonders die Verwendung historischer Bauformen, und zwar nicht nur, weil diese »mit unserer heutigen Lebensweise und den gesellschaftlichen Verhältnissen in keinerlei Beziehung« stünden, sondern auch, weil sie zu funktionalen und konstruktiven Mängeln führe: »So entstanden Kalkbrennereien, Försteretablissements und Dampfmaschinenhäuser in der Gestalt von mittelalterlichen Burgen, von Moscheen u. dsgl.; die Dampfschornsteine in schlanke Wartthürme oder Minarets umgebildet. – Wenn aber ein solches Streben unter keinerlei Umständen in Schutz genommen werden kann, so muss es um so beklagenswerter erscheinen, da es eine Menge von Unbequemlichkeiten und konstruktionellen Übelständen herbeiführt.« (Egle 1845, S. 347.)

Egles Kritik bezog sich zwar auf die Bauten von Persius, zielte aber vor allem auf die historischen Tendenzen und romantischen Visionen Friedrich Wilhelms IV., dessen Baupolitik allein das Ziel der Landschaftsverschönerung verfolgte, dem sich funktionale oder praktische Erwägungen unterzuordnen hatten. Das architektonische Werk von Persius entstand fast ausschließlich im Zusammenhang mit dem Ausbau der Potsdamer Residenzlandschaft, den der König als Vollendung eines dynastischen Gesamtkunstwerks ansah. Tatsächlich war die Nebenresidenz, an dessen Stelle sich früher ein Fischerdorf befunden hatte, allein durch die Initiative des preußischen Herrscherhauses entstanden. Der städtebauliche Ausbau war im 18. Jahrhundert durch Friedrich Wilhelm I. begonnen und durch Friedrich II. innerhalb der Stadtmauern abgeschlossen worden. Seit dem 18. Jahrhundert waren außerhalb der Stadt verschiedene Schloss- und Parkanlagen entstanden, die Friedrich Wilhelm IV. zu einer weit ausgreifenden Garten- und Villenlandschaft zusammenfasste. Die von Persius ausgeführten Bauten lagen daher bis auf wenige Ausnahmen nicht innerhalb, sondern außerhalb der Stadtmauern. Auf Grund ihrer Lage sind auch die 1945 durch Kriegseinwirkung verursachten Verluste unter den Persiusbauten – etwa Persius' eigene Villa – relativ gering und die nach 1961 durch den Ausbau der innerdeutschen Grenzanlagen am Jungfernsee verursachten Zerstörungen – dazu zählt die Villa Jacobs – ungewöhnlich hoch.

Ohne das Königshaus war Potsdam zu Persius' Lebzeiten kaum existenzfähig. Ausbau, aber auch Erhalt und Pflege der Potsdamer Bauten waren ohne staatliche Organisation und Alimentation nicht durchführbar. Hinter prächtigen Fassaden der friderizianischen Stadtpaläste lagen enge Wohnungen für einfache Handwerker und Kaufleute, die für den baulichen Unterhalt der Häuser nicht aufkommen konnten. Die dafür vom Königshaus gewährten Fördermittel ließ Friedrich Wilhelm IV.

allerdings drastisch reduzieren, um mit dem eingesparten Geld neue Bauprojekte, nämlich die von Persius, finanzieren zu können (Neininger 2003, S. 92). Die neu erbauten Landhäuser wurden ebenfalls selten von wohlhabenden Bürgern oder Adligen, sondern zumeist von einfachen Handwerkern und Hofangestellten bezogen, die für den Bauunterhalt der Villen auch nicht oder nur begrenzt aufkommen konnten. Im Unterschied zu Berlin war der königliche Hofstaat in Potsdam nicht durch den preußischen Adel – der sich im Sommer auf seinen Gütern und im Winter in Berlin aufhielt –, sondern durch subalterne »Offizianten« geprägt. Da die Wohngebäude »auf allerhöchsten Befehl« in einer »ungewöhnlichen großartigen Bauart«, bei weitem über das Bedürfnis hinaus« errichtet worden waren, hatte man die Hofbeamten und Bewohner der Diensthäuser innerhalb der königlichen Anlagen seit 1842 von den sonst üblichen Instandhaltungspflichten befreit (Horn 2003, S. 62, Anm. 15). Da die außerhalb der königlichen Parkanlagen und Krongüter gelegenen Bauten von Persius oft die gleichen Merkmale aufweisen, war deren Unterhalt ebenfalls recht aufwendig. Erst nach 1861 wurden die Hofbediensteten allmählich abgelöst durch wohlhabende Fabrikanten und Bankiers oder pensionierte Staatsbeamte und Militärs, die besonders seit der Zeit der Reichsgründung 1871 von Berlin nach Potsdam zogen und allmählich als Faktor der städtebaulichen Entwicklung in Konkurrenz zur Monarchie traten. In der Innenstadt führte dies bei den Palästen zu Geschäftseinbauten und Aufstockungen und in den Vorstädten zu Erweiterungen und Umnutzungen der Villen, die von den Neubürgern als zu klein und eng empfunden wurden (Brönner 2000, S. 9).

Seit der Gründerzeit waren die Ansprüche so gestiegen, dass man die funktionalen Mängel der Wohnhäuser von Persius nicht länger in Kauf nehmen wollte. Persius hatte zwar als Schüler Schinkels eine funktionalistische Architektur gefordert, aber als Architekt des Königs praktisch kaum umgesetzt. Der Einfluss des Königs zeigte sich nicht zuletzt bei Persius' eigener Villa, die der Architekt als funktionalistischen Musterbau und sein »architektonisches Credo« ansah. Dies hatte den König allerdings nicht daran gehindert, dem Haus nach Persius' Tod zur Verschönerung der Vorstadt einen Turm hinzufügen zu lassen, der keine praktische Funktion besaß. In diesem Sinne waren auch die Eigentümer, deren Häuser Persius selbst auf Wunsch des Königs durch An- und Umbauten eine malerische Erscheinung gegeben hatte, nicht immer über die Verschönerung erfreut. Bekannt ist die Klage des Hausbesitzers Carl Stoff über einen »unnützen Vorbau« und einen Turmaufbau von Persius, deren Ausführung so teuer war, dass das Haus nicht mehr verputzt werden konnte. Zur Klage über unnütze Zutaten kam auch die über die ungünstige Einrichtung der Häuser. Den Familienaufzeichnungen der Potsdamer Familie Trippel zufolge hatten schon die Erstbewohner das heute nicht mehr erhaltene Wohnhaus für den Steinmetzmeister Theodor Trippel als »sehr unpraktisch« bemängelt. Der Steinmetzmeister soll dazu oft bemerkt haben: »Hätte ich nach meinem Plan gebaut, wäre das Haus wohnlicher.« (Nachlass der Familie, Hinweis von Hermann Auersch, Berlin.) Baugeschichtliche Untersuchungen zur Villa Schöningen (Abb. 137) weisen darauf hin, dass Persius bei seinen Wohnbauten offenbar häufiger mehr um die »malerische Einwirkung auf die Gegend« als um die »bequeme Einrichtung« für die Bewohner bemüht gewesen war. So waren dort zahlreiche Räume dunkel und schlecht belüftet, wichtige Funk-

tionsbereiche kaum miteinander verbunden und Dachraum und Turm nicht wirklich benutzbar (Kürvers 2003, S. 47–55).

Einige Wohnhäuser, etwa die Villen Schöningen (Abb. 137) und Tiedke (Abb. 142–147) oder das Wohnhaus Ahok (Abb. 161), erfuhren später behutsame Korrekturen und Erweiterungen, andere wurden allerdings auch bis zur Unkenntlichkeit umgebaut oder durch neue und größere Wohnhausbauten ersetzt. Einige Villen wurden im Lauf der Zeit nicht mehr zu Wohnzwecken, sondern zur Kinderbetreuung oder anderen Zwecken herangezogen. Nachdem man die Villa Tieck (Abb. 139) 1874 in eine »Kleinkinder-Bewahranstalt« umgewandelt hatte, folgte 1937 die Umwandlung der Villa Persius in ein städtisches Mädchenheim. Nach 1950 wurde die Villa Schöningen als Kinderwochenheim und 1978 die Villa Jacobs als Kindergarten genutzt. Das Wohnhaus des Stallmeisters Brandt (Abb. 162) wurde 1934 für Bürozwecke umgebaut, und aus dem früheren Wohn- und Diensthaus des Kabinettsrats von Müller (Abb. 163–165) wurde ein Gerichtsgebäude. Mit den Umbauten waren zum Teil auch Veränderungen der Fenster verbunden, die Persius mehr nach ästhetischen als nach funktionalen Gesichtspunkten gestaltet hatte: »So kommt es daß Formen, die man stets nur in einer gewissen absoluten durch den Gebrauch bestimmten Größe zu sehen gewohnt ist, bei den Baulichkeiten dieser letzteren Art oftmals in einem sehr zusammengeschrumpften Verhältnisse gefunden werden; daß z. B. gewöhnlichen Mauerschlitzen, die zur Erleuchtung und Lüftung des Bodenraums dienen, die Form von Fenstern gegeben ist wie sie nur bei Wohnräumen üblich sind, wogegen die Fenster der wirklichen Wohnräume in der Gestalt von Saalfenstern paradieren; ja so weit könnte die Unnatur dieses unglücklichen Strebens von den natürlichen Wege ablenken daß selbst Strebepfeiler und – ganz gewöhnliche Küchenschornsteine die Gestalt von kleinen Thürmchen erhielten, wohlversehen mit Fenstern und Zinnenbekrönungen etc.« (Egle 1845, S. 347.)

Von nutzungsbedingten Veränderungen waren vor allem die zu wirtschaftlichen Zwecken errichteten Gebäude von Persius betroffen. Bei der von Persius umgebauten Meierei im Neuen Garten (Abb. 82, 83) war nach Aufgabe der Milchwirtschaft um 1862 eine Pumpstation eingerichtet worden, mit der ein Umbau und die Erweiterung des Kuhstalls verbunden waren. Dabei hatte man sich der Persiusschen Bauweise so geschickt angepasst, das der spätere Umbau lange Zeit Persius selbst zugeschrieben wurde. In ähnlicher Weise war etwa zur gleichen Zeit das Babelsberger Maschinenhaus (Abb. 40 bis 46) erweitert worden. Das neu hinzugefügte Pumpenhaus wurde dabei so geschickt angeordnet, dass die Hauptansichten des Gebäudes kaum beeinträchtigt wurden. Harmonisch fügte sich auch der dem Maschinen- und Gärtnerhaus in Glienicke (Abb. 9) damals hinzugefügte Wohnanbau ein. Nach dem Ende der Monarchie 1918 mussten die funktionslos gewordenen Parkgebäude unter dem Druck der allgemeinen Wohnungsnot häufiger zu Wohnzwecken umgebaut werden, wobei die wohlproportionierten Fassaden von Persius durch neue Fenstereinbauten Einbußen erlitten. Davon betroffen waren einfache Wirtschaftsgebäude, wie etwa die Scheune in Glienicke, aber auch die Schlösser, wie etwa die ehemalige Silberkammer im Babelsberger Schloss, in denen nun Wohnungen eingerichtet wurden.

Die außerhalb der königlichen Gärten errichteten Wirtschaftsbauten von Persius waren dem finanziellen Verwertungsdruck naturgemäß noch stärker unterworfen. Da die mit Zinnen und Türmen geschmückten Magazin- und Industriebauten in die königlichen Gärten hineinwirkten, nahm man zunächst noch darauf Rücksicht. So folgte man beim Neubau des 1860 durch einen Brand zerstörten Heckerschen Kalkofens, den Persius als malerisches Kastell gestaltet hatte, an der dem Babelsberger Park zugewandten Seite noch den ursprünglichen Plänen. Nach wenigen Jahrzehnten wurde die unrentable Kalkbrennerei jedoch vollständig abgerissen. Das von Persius ebenfalls im malerischen Burgenstil erbaute Körnermagazin (Abb. 86, 87) auf dem Gelände des Proviantamtes in Potsdam erfuhr bereits einige Teilabrisse und ist seit Jahren ungenutzt und vom Verfall bedroht. Egle urteilte 1845 nach Fertigstellung des Magazins: »Der Kern dieser Gebäude ist einfach und zweckentsprechend gebildet; durch die Zugabe eines Thurmes mit Wach-Erkern auf den Ecken der Platform und durch Zinnenbekrönungen über vielen anderen Bautheilen haben dieselben jedoch einen etwas mittelalterlichen Beigeschmack erhalten.« (Egle 1845, S. 350.) Die nicht »zweckentsprechenden« Wacherker und Zinnen sind heute besonders vom Verfall betroffen. Dass der malerischen Bauweise, so die Kritik, »konstruktionelle, klimatische und ökonomische Rücksichten entgegenstehen, die oftmals so bedeutend sein können daß dasselbe gänzlich unhaltbar wird«, scheint sich durch den heutigen Verfallszustand zu bestätigen: »So werden die mannigfachen Uebelstände die aus einer allzu großen Häufung der Dächer entstehen, einen moderierenden Einfluß auf den Reichthum der Baugruppe üben müssen ... Ebenso kann ferner eine ... Winden und Wettern stark ausgesetzte Lage der Gruppierung hinderlich entgegenstehen; wenn aber endlich ökonomische Rücksichten der Art vorwalten, ... so wird die Möglichkeit einer malerischen Auffassung auf's Aeußerste beschränkt oder gänzlich aufgehoben.« (Egle 1845, S. 345 f.) Mehr Glück hatten die ebenfalls mit Turm und Zinnen versehenen Dampfmahlmühlen (Abb. 61) und Magazine der Königlichen Preussischen Seehandlung in Potsdam, die 1887 und 1938 umgebaut und als Stadtbäckerei und Einkaufsmarkt genutzt wurden. Nach umfangreicher Restaurierung und Ergänzung durch Neubauten wird das Denkmalensemble heute für wirtschaftliche und kulturelle Zwecke genutzt.

Zu den von Egle kritisierten »Übelständen« zählten nicht zuletzt das flach geneigte Dach und die Regenwasserableitung durch das Innere der Gebäude. Das vom König aus ästhetischen Gründen bevorzugte Flachdach war ein »in puncto Dichtigkeit und Kosten gegenüber den hohen Dächern so sehr im Nachteil« (Egle 1846, S. 235), dass damit nicht nur höhere Baukosten, sondern auch größere Aufwendungen für den Unterhalt verbunden waren. Ein Hauptproblem war, dass Dachziegel im nördlichen Klima nicht zur Eindeckung flach geneigter Dächer geeignet sind und andere Deckungsarten damals noch wenig erprobt und zu teuer waren. Um die Zuschüsse aus dem Baufonds möglichst gering zu halten, experimentierte Persius anfangs mit dem Dornschen Lehmdach, einer Verbindung von Teer und Lehm, von Baufachleuten zunächst freudig begrüßt als »wohlfeiles, feuersicheres, überall anwendbares und mit den ästhetischen Regeln der Baukunst leicht vereinbarliches Deckungsmittel«. (Arche 1839, S. 333 f.) Da die im Winter entstehenden Risse jedes Jahr erneut mit Teer abgedichtet werden mussten und in vielen Fällen nach wenigen Jahren zu ernsthaften Bauschäden geführt hat-

ten, kamen die Lehmdächer bald wieder aus der Mode. So ließ der Maurergeselle Ferdinand Stoff bei seinem Wohnhaus (nicht erhalten) das von Persius ausgeführte Lehmdach nach drei Jahren durch ein Asphaltdach ersetzen, das zwar nicht so dauerhaft wie eine Zink- oder Eisenblechbedachung, aber auch nicht so teuer war.

Häufig verlegte Persius die Dächer hinter die Außenmauern, so dass die Regenfallrohre durch das Innere der Gebäude geführt wurden. Lagen die Fallrohre an der Innenseite der Außenwände, waren Frost- und Feuchteprobleme zu befürchten, die mit der Erfindung des Trichter- oder Impluviumdachs gelöst schienen. Das ins Hausinnere geführte Trichterdach war von Schinkel entwickelt und von Persius mehrfach angewendet worden. Persius führte die Konstruktion auf die »Impluvien der Alten« zurück, »nur mit dem Unterschiede, daß das auf diese Weise nach der Mitte des Gebäudes geleitete Regenwasser nicht in einem kleinen Hof, sondern in ein mit Kupferblech ausgeschlagenes Reservoir läuft, von wo es durch das vertikale Abzugsrohr abgeleitet wird. Dieses Abzugsrohr ist in dem ... gemauerten Röhrenbehälter herabgeführt, der von allen Etagen zugänglich ist, um etwaige Reparaturen an der Röhre leicht beseitigen zu können. In dem zweiten Geschosse liegt zugleich in dem Röhrenbehälter das Vorgelege für die Öfen, das so viel Wärme abgibt, daß dem Einfrieren sowohl des Reservoirs, als der Röhre, sicher vorgebeugt wird, wie sich dies auch vollkommen in dem strengen Winter von 1837 zu 1838 bewährt hat.« (Persius 1839, S. 237.) Nach diesem Probelauf folgten weitere Impluviumdächer, zunächst beim Maschinenhaus in Glienicke (Abb. 10) und später auch beim Försteretablissement am Neuen Palais, bei der Villa Illaire, der Villa Tiedke (Abb. 145), beim Maschinenhaus in Babelsberg (Abb. 43) und beim Brandtschen Wohnhaus. Von den Zeitgenossen wurde die Neuerung nicht immer begrüßt. Vom Potsdamer Maurermeister Bolle wurde die Dachkonstruktion abgelehnt, weil er höhere Folgekosten befürchtete und die Haupträume im Haus durch den inneren Abflussschacht beeinträchtigt sah (Neininger 2003, S. 94). Seine Befürchtungen waren durchaus berechtigt. Bei dem 1843 errichteten Wirtschaftsgebäude für das Sacrower Schloss (nicht erhalten) musste das Impluviumdach 1868 vollständig neu gedeckt und 1888 durch ein nach außen entwässerndes Walmdach ersetzt werden. Nach diesem Umbau konnte der Dachraum, der zuvor von der Trichterkonstruktion eingenommen wurde, besser genutzt werden. 1843 war auch das Impluviumdach des Babelsberger Maschinenhauses entstanden, das sich bis 1961 erhalten hatte, da die Zinkhaut regelmäßig repariert und erneuert worden war. Da das Gebäude nach 1961 im sogenannten Todesstreifen der innerdeutschen Grenze lag, war es jahrzehntelang nicht mehr zu betreten, so dass es im Inneren infolge von Wasserschäden zum totalen Verfall kam. Nach 1990 erfolgte eine tiefgreifende Sanierung des Gebäudes mit dem Versuch, das Impluviumdach zu rekonstruieren. Die Dachkonstruktion musste nach einigen Jahren jedoch verändert werden, da die originalgetreue Nachbildung in dem leerstehenden Gebäude zu neuen Schäden geführt hatte. Eine Voraussetzung für die Funktionstüchtigkeit des Impluviumdachs, die ständige Beheizung des Gebäudes, ist bei Leerstand nicht zu gewährleisten. Eine geeignete Nutzung konnte für das Gebäude bisher allerdings nicht gefunden werden, da es zum Bewohnen kaum geeignet erscheint. Ungenutzt ist derzeit ebenfalls die mit einem Impluviumdach versehene Villa Tiedke, die von Persius

als Mehrparteienwohnhaus errichtet worden war. Die Mietwohnungen mussten erst vor wenigen Jahren geräumt werden, da sie durch undichte Dächer und marode Schornsteine unbewohnbar geworden waren (Sander 2004, S. 80).

Bei den leerstehenden Persiusbauten werden die Kosten zur Wiederherstellung in der Regel nicht durch die zu erwartenden Einnahmen gedeckt. Einer ertragreichen Nutzung zugeführt werden konnte 2003 die 1945 ausgebrannte Ruine der Meierei im Neuen Garten, die bis 1989 im Grenzstreifen lag und unzugänglich war. Vor dem Krieg hatte sich hier eine florierende Ausflugsgaststätte etabliert, an deren Erfolg die nun als Brauereigaststätte wiederhergestellte Meierei anknüpfen möchte. Bei der jüngsten Rekonstruktion eines Gebäudes von Persius in Glienicke war es sogar möglich gewesen, die ursprüngliche Bestimmung des Gebäudes wieder aufzugreifen. Nach der Umwandlung des Glienicker Parkes in einen Volkspark hatte man die funktionslos gewordenen Pflanzenhäuser 1940 größtenteils abgerissen. Durch die gartendenkmalpflegerische Wiederherstellung des »pleasure ground« seit 1979 entstand für die Pflanzenhäuser wieder ein Bedarf, sowohl in gärtnerischer, als auch in architektonischer Hinsicht. Die Rekonstruktion wurde durch das »Zukunftsinvestitionsprogramm der Bundesregierung zu Erhalt und Wiederaufbau von Baudenkmälern mit besonderer nationaler kultureller Bedeutung« finanziert und von allen baurechtlichen Vorschriften befreit, so dass die 1981 fertiggestellte Nachbildung (Abb. 29) zwar nicht in der Substanz, aber in Konstruktion und Erscheinungsbild als das jüngste Bauwerk bezeichnet werden könnte, das nach Plänen von Persius entstanden ist.

Die Potsdamer Bauten von Persius verdanken dem Gartenreich nicht nur einige ihrer «konstruktionellen Übelstände« und ihre gestalterischen Qualitäten, sondern letztlich auch ihre Entstehung und Existenz. Als Bausteine im Landschaftsbild dienten sie nicht nur zur ästhetischen Ausformung, sondern zumeist auch zur praktischen Pflege, Betreibung und Erschließung der Gartenlandschaft. Bei der Meierei und der Orangerie konnte daran wieder angeknüpft werden. Diese Glücksfälle und die noch ungelösten Problemfälle lassen ahnen, dass das architektonische Werk von Persius und seine Perspektiven für den Fortbestand weiterhin symbiotisch mit dem Gartenreich verbunden bleiben.

1. Bad Muskau, Fürst-Pückler-Park, Orangerie, 1843/44.
Ansicht von Südwesten. 18. Jan. 2003.
2. Bad Muskau, Fürst-Pückler-Park, Orangerie, 1843/44.
Ansicht von Westen. 18. Jan. 2003.

1. Bad Muskau, Fürst-Pückler-Park, orangery, 1843/44.
View from the south-west. 18 Jan. 2003.
2. Bad Muskau, Fürst-Pückler-Park, orangery. View
from the west. 18 Jan. 2003.

7. Berlin-Zehlendorf, Park Glienicke, Hirschtor, 1841/42.
Ansicht von Westen. 20. Nov. 2002.
8. Berlin-Zehlendorf, Park Glienicke, Hirschtor, 1841/42.
Detailansicht. 20. Nov. 2002.

7. Berlin-Zehlendorf, Park Glienicke, Hirschtor, 1841/42.
View from the west. 20 Nov. 2002.
8. Berlin-Zehlendorf, Park Glienicke, Hirschtor, 1841/42.
Detailed view. 20 Nov. 2002.

9. Berlin-Zehlendorf, Park Glienicke, Maschinen- und Gärtnerhaus, 1838. Ansicht von Süden. 22. Aug. 2002.
10. Berlin-Zehlendorf, Park Glienicke, Maschinen- und Gärtnerhaus, 1838. Impluviumdach des Turmes. 1. Okt. 2002.
11. Berlin-Zehlendorf, Park Glienicke, Maschinen- und Gärtnerhaus, 1838. Ansicht von Osten. 22. Nov. 2002.

9. Berlin-Zehlendorf, Park Glienicke, power and gardener's house, 1838. View from the south. 22 Aug. 2002.
10. Berlin-Zehlendorf, Park Glienicke, power and gardener's house, 1838. Impluvium roof of the tower. 1 Oct. 2002.
11. Berlin-Zehlendorf, Park Glienicke, power and gardener's house, 1838. View from the east. 22 Nov. 2002.

12. Berlin-Zehlendorf, Park Glienicke, Matrosenhaus, 1843. Ansicht von Südosten. 22. Nov. 2002.
13. Berlin-Zehlendorf, Park Glienicke, Matrosenhaus, 1843. Ansicht von Südwesten. 22. Nov. 2002.

12. Berlin-Zehlendorf, Park Glienicke, sailors' house, 1843. View from the south-east. 22 Nov. 2002.
13. Berlin-Zehlendorf, Park Glienicke, sailors' house, 1843. View from the south-west. 22 Nov. 2002.

14. Berlin-Zehlendorf, Schloss Glienicke, Wirtschaftshof, 1845. Ehemalige Konditorei. 24. Sept. 2002.
15. Berlin-Zehlendorf, Schloss Glienicke, Wirtschaftshof, 1845. Ehemaliger Pferde- und Kuhstall. 9. Aug. 2002.

14. Berlin-Zehlendorf, Schloss Glienicke, farmyard, 1845. Former cake shop. 24 Sept. 2002.
15. Berlin-Zehlendorf, Schloss Glienicke, farmyard, 1845. Former stable for horses and cows. 9 Aug. 2002.

16. Berlin-Zehlendorf, Park Glienicke, Wirtshaus Moorlake, 1841. Ansicht von Westen. 20. Nov. 2002.
17. Berlin-Zehlendorf, Schloss Glienicke, Südostflügel,
1844. 9. Dez. 2002.

16. Berlin-Zehlendorf, Park Glienicke, Wirtshaus Moorlake, 1841. View from the west. 20 Nov. 2002.
17. Berlin-Zehlendorf, Schloss Glienicke, south-east
wing, 1844. 9 Dec. 2002.

18. Berlin-Zehlendorf, Schloss Glienicke, Portikus, 1840.
Detailansicht. 11. Okt. 2004.
19. Berlin-Zehlendorf, Schloss Glienicke, Portikus, 1840.
Detailansicht. 11. Okt. 2004.
20. Berlin-Zehlendorf, Schloss Glienicke, Portikus, 1840.
Ansicht von Osten. 20. Aug. 2002.

18. Berlin-Zehlendorf, Schloss Glienicke, portico, 1840.
Detailed view. 11 Oct. 2004.
19. Berlin-Zehlendorf, Schloss Glienicke, portico, 1840.
Detailed view. 11 Oct. 2004.
20. Berlin-Zehlendorf, Schloss Glienicke, portico, 1840.
View from the east. 20 Aug. 2002.

21. Berlin-Zehlendorf, Schloss Glienicke, Terrasse an der Südseite, 1842?. 9. Dez. 2002.
22. Berlin-Zehlendorf, Schloss Glienicke, Terrasse an der Südseite, 1842? Detailansicht. 9. Dez. 2002.

21. Berlin-Zehlendorf, Schloss Glienicke, Terrace on the south side, 1842?. 9 Dec. 2002.
22. Berlin-Zehlendorf, Schloss Glienicke, Terrace on the south side, 1842? Detailed view. 9 Dec. 2002.

44

23. Berlin-Zehlendorf, Schloss Glienicke, Löwenfontäne, 1838. Ansicht von Süden. 24. Sept. 2002.
24. Berlin-Zehlendorf, Schloss Glienicke, Löwenfontäne, 1838. Detailansicht. 24. Sept. 2002.

23. Berlin-Zehlendorf, Schloss Glienicke, lion's fountain, 1838. View from the south. 24 Sept. 2002.
24. Berlin-Zehlendorf, Schloss Glienicke, lion's fountain, 1838. Detailed view. 24 Sept. 2002.

30. Bornim, Max-Eyth-Allee, Amtsturm, 1844/45. Ansicht von Südosten. 29. Aug. 2002.
31. Bornstedt, Eichenallee / Amundsenstraße, Bornstedter Durchstich, »Teufelsgrabenbrücke«, 1843/44. Ansicht von Westen. 18. Nov. 2002.

30. Bornim, Max-Eyth-Allee, farm tower, 1844/45. View from the south-east. 29 Aug. 2002.
31. Bornstedt, Eichenallee / Amundsenstraße, Bornstedter Durchstich, »Teufelsgrabenbrücke«, 1843/44. View from the west. 18 Nov. 2002.

32. Bornstedt, Ribbeckstraße 22, Remise des Wohnhauses Rietz, 1844. 18. Nov. 2002.
33. Dahlen, Dorfstraße 1, Gutshaus, 1837/38. Ansicht
von Osten. 23. Juli 2004.

32. Bornstedt, Ribbeckstraße 22, coach-house of the
Rietz house, 1844. 18 Nov. 2002.
33. Dahlen, Dorfstraße 1, mansion-house, 1837/38.
View from the east. 23 July 2004.

34. Heringsdorf, Rudolf-Breitscheid-Straße, ev. Kirche, 1846–48. Ansicht von Nordwesten. 17. Jan. 2003.

34. Heringsdorf, Rudolf-Breitscheid-Straße, Prot. church, 1846–48. View from the north-west. 17 Jan. 2003.

35. Heringsdorf, Rudolf-
Breitscheid-Straße, ev.
Kirche, 1846–48. Arkaden.
17. Jan. 2003.

35. Heringsdorf, Rudolf-
Breitscheid-Straße, Prot.
church, 1846–48. Arcades.
17 Jan. 2003.

47. Potsdam, Park Babelsberg, Schloss, 1844–49.
Ansicht von Südwesten. 9. Dez. 2002.
48. Potsdam, Park Babelsberg, Schloss, 1844–49.
Ansicht von Nordwesten. 18. Jan. 2003.

47. Potsdam, Park Babelsberg, Schloss, 1844–49.
View from the south-west. 9 Dec. 2002.
48. Potsdam, Park Babelsberg, Schloss, 1844–49.
View from the north-west. 18 Jan. 2003.

49. Potsdam, Park Babelsberg, Schloss, 1844–49. Ansicht des Oktogons von Nordosten. 23. Aug. 2002.

49. Potsdam, Park Babelsberg, Schloss, 1844–49. View of the octagon from the north-east. 23 Aug. 2002.

50. Potsdam, Park Babelsberg, Schloss, 1844–49. Detailansicht des Oktogons von Nordosten. 23. Aug. 2002.

50. Potsdam, Park Babelsberg, Schloss, 1844–49. Detailed view of the octagon from the north-east. 23 Aug. 2002.

51. Potsdam, Park Babelsberg, Schloss, 1844–49. Ansicht des Oktogons von Südosten. 23. Aug. 2002.

51. Potsdam, Park Babelsberg, Schloss, 1844–49. View of the octagon from the south-east. 23 Aug. 2002.

52. Potsdam, Park Babelsberg, Schloss, 1844–49. Blick aus einem Dienerzimmer über dem Tanzsaal im Oktogon. 23. Aug. 2002.

52. Potsdam, Park Babelsberg, Schloss, 1844–49. View from a servant's room on top of the ballroom in the octagon. 23 Aug. 2002.

53. Potsdam, Park Babels-
berg, Schloss, 1844–49.
Südostfenster des Tanz-
saals. 23. Aug. 2002.

53. Potsdam, Park Babels-
berg, Schloss, 1844–49.
South-east window of the
ballroom. 23 Aug. 2002.

54. Potsdam, Park Babelsberg, Schloss, 1844–49. Fenster im nach Südosten gerichteten Mitteltrakt. 23. Aug. 2003.

54. Potsdam, Park Babelsberg, Schloss, 1844–49. Window in the central part looking south-east. 23 Aug. 2003.

55. Potsdam, Park Babelsberg, Schloss, 1845–49. Innenansicht des Tanzsaals von der Galerie aus. 23. Aug. 2002.

55. Potsdam, Park Babelsberg, Schloss, 1845–49. Interior view of the ballroom from the gallery. 23 Aug. 2002.

56. Potsdam, Park Babelsberg, Schloss, 1845–49. Innenansicht des Tanzsaals. 23. Aug. 2002.

56. Potsdam, Park Babelsberg, Schloss, 1845–49. Interior view of the ballroom. 23 Aug. 2002.

57. Potsdam, Park Babelsberg, Schloss, 1845–49.
Alte Küche. 23. Aug. 2002.
58. Potsdam, Park Babelsberg, Schloss, 1845–49.
Gewölbe unter dem Tanzsaal. 23. Aug. 2002.
59. Potsdam, Park Babelsberg, Schloss, 1845–49.
Kapitell in der alten Küche. 23. Aug. 2003.

57. Potsdam, Park Babelsberg, Schloss, 1845–49.
Old kitchen. 23 Aug. 2002.
58. Potsdam, Park Babelsberg, Schloss, 1845–49.
Vault below the ballroom. 23 Aug. 2002.
59. Potsdam, Park Babelsberg, Schloss, 1845–49.
Capital in the old kitchen. 23 Aug. 2003.

60. Potsdam, Zeppelinstraße 136, Dampfmahlmühle, 1841–43. Beamtenhaus und Eingang. 10. Okt. 2002.
61. Potsdam, Zeppelinstraße 136, Dampfmahlmühle, 1841–43. Ansicht von der Wasserseite. 1. Nov. 2002.

60. Potsdam, Zeppelinstraße 136, steam-powered mill, 1841–43. Officer's house and entrance. 10 Oct. 2002.
61. Potsdam, Zeppelinstraße 136, steam-powered mill, 1841–43. View of the water side. 1 Nov. 2002.

66. Potsdam, Am Grünen Gitter 3, Friedenskirche, 1844
bis 1848. Atrium und Campanile. 2. Okt. 2002.
67. Potsdam, Am Grünen Gitter 3, Friedenskirche, 1844
bis 1848. Arkaden und Marlygarten. 17. Okt. 2002.

66. Potsdam, Am Grünen Gitter 3, Friedenskirche, 1844
to 1848. Atrium and campanile. 2 Oct. 2002.
67. Potsdam, Am Grünen Gitter 3, Friedenskirche, 1844
to 1848. Arcades and Marlygarten. 17 Oct. 2002.

76. Potsdam, Breite Straße 28, »Moschee«, Dampfmaschinenhaus für Park Sanssouci, 1841–43. Ansicht von Kuppel und Minarett von Westen. 23. Okt. 2002.
77. Potsdam, Breite Straße 28, »Moschee«, Dampfmaschinenhaus für Park Sanssouci, 1841–43. Haupteingang. 23. Okt. 2002.

76. Potsdam, Breite Straße 28, »Mosque«, steampower plant for Park Sanssouci, 1841–43. View of the cupola and the minaret from the west. 23 Oct. 2002.
77. Potsdam, Breite Straße 28, »Mosque«, steampower plant for Park Sanssouci, 1841–43. Main entrance. 23 Oct. 2002.

78. Potsdam, Breite Straße 28, »Moschee«, Dampfma-schinenhaus für Park Sanssouci, 1841–43. Großes Fens-ter auf der Nordseite. 1. Nov. 2002.
79. Potsdam, Breite Straße 28, »Moschee«, Dampf-maschinenhaus für Park Sanssouci, 1841–43. Kleines Fenster auf der Nordostseite. 1. Nov. 2002.

78. Potsdam, Breite Straße 28, »Mosque«, steam-power plant for Park Sanssouci, 1841–43. Large win-dow on the north side. 1 Nov. 2002.
79. Potsdam, Breite Straße 28, »Mosque«, steam-power plant for Park Sanssouci, 1841–43. Small win-dow on the north-east side. 1 Nov. 2002.

90. Potsdam, Park Sanssouci, Kastellanshaus, 1840/41. Ansicht des nördlichen Kopfbaus von Osten. 18. Nov. 2002.
91. Potsdam, Park Sanssouci, Kastellanshaus, 1840/41. Ansicht des nördlichen Kopfbaus von Westen. 18. Nov. 2002.

90. Potsdam, Park Sanssouci, castellan's house, 1840/41. View of the northern head structure from the east. 18 Nov. 2002.
91. Potsdam, Park Sanssouci, castellan's house, 1840/41. View of the northern head structure from the west. 18 Nov. 2002.

92. Potsdam, Park Sanssouci, Kastellanshaus, 1840/41.
Ansicht vom Dach der Gemäldegalerie. 18. Nov. 2002.
93, 94. Potsdam, Park Sanssouci, Kastellanshaus,
1840/41. Billardzimmer. 18. Nov. 2002.

92. Potsdam, Park Sanssouci, castellan's house, 1840/41.
View from the roof of the picture gallery. 18 Nov. 2002.
93, 94. Potsdam, Park Sanssouci, castellan's house,
1840/41. Billiards room. 18 Nov. 2002.

95. Potsdam, Park Sanssouci, Neue Kammern, 1842/43.
Östlicher Kopfbau. 12. Nov. 2002.
96. Potsdam, Park Sanssouci, Neue Kammern, 1842/43.
Zimmer im östlichen Kopfbau. 12. Nov. 2002.
97. Potsdam, Park Sanssouci, Neue Kammern, 1842/43.
Durchgangszimmer im östlichen Kopfbau. 12. Nov.
2002.

95. Potsdam, Park Sanssouci, Neue Kammern, 1842/43.
Eastern head wing. 12 Nov. 2002.
96. Potsdam, Park Sanssouci, Neue Kammern, 1842/43.
Room in the eastern head wing. 12 Nov. 2002.
97. Potsdam, Park Sanssouci, Neue Kammern, 1842/43.
Transit room in the eastern head wing. 12 Nov. 2002.

99. Potsdam, Park Sanssouci, Neue Kammern, 1842/43. Western staircase. 12. Nov. 2002.

100. Potsdam, Park Sans-
souci, Neue Kammern,
1842/43. Brücke zur Maul-
beerallee. 12. Nov. 2002.

100. Potsdam, Park Sans-
souci, Neue Kammern,
1842/43. Bridge to Maul-
beerallee. 12. Nov. 2002.

101. Potsdam, Park Sans-
souci, Neue Kammern,
1842/43. Brücke zur Maul-
beerallee. 12. Nov. 2002.

101. Potsdam, Park Sans-
souci, Neue Kammern,
1842/43. Bridge to Maul-
beerallee. 12 Nov. 2002.

102. Potsdam, Park Sanssouci, Fasanerie, 1842–44. Ansicht von Südwesten. 10. Aug. 2002.
103. Potsdam, Park Sanssouci, Fasanerie, 1842–44. Ansicht von Süden mit Lenné-Platane. 10. Aug. 2002.

102. Potsdam, Park Sanssouci, Fasanerie, 1842–44. View from the south-west. 10 Aug. 2002.
103. Potsdam, Park Sanssouci, Fasanerie, 1842–44. View from the south with Lenné plane-tree. 10 Aug. 2002.

104. Potsdam, Park Sanssouci, Fasanerie, 1842–44.
Ansicht von Norden. 17. Aug. 2002.
105. Potsdam, Park Sanssouci, Fasanerie, 1842–44.
Ansicht von Nordwesten. 17. Aug. 2002.

104. Potsdam, Park Sanssouci, Fasanerie, 1842–44.
View from the north. 17 Aug. 2002.
105. Potsdam, Park Sanssouci, Fasanerie, 1842–44.
View from the north-west. 17 Aug. 2002.

106. Potsdam, Park Sanssouci, Fasanerie, 1842–44. Junger Faun in der südlichen Loggia. 1. Nov. 2002.
107. Potsdam, Park Sanssouci, Fasanerie, 1842–44. Alter Faun in der südlichen Loggia. 1. Nov. 2002.
108. Potsdam, Park Sanssouci, Fasanerie, 1842–44. Südliche Loggia. 1. Nov. 2002.

106. Potsdam, Park Sanssouci, Fasanerie, 1842–44. Young faun in the southern loggia. 1 Nov. 2002.
107. Potsdam, Park Sanssouci, Fasanerie, 1842–44. Old faun in the southern loggia. 1 Nov. 2002.
108. Potsdam, Park Sanssouci, Fasanerie, 1842–44. Southern loggia. 1 Nov. 2002.

109. Potsdam, Park Sans-
souci, Fasanerie, 1842–44.
Treppenhaus. 6. Okt. 2004.

109. Potsdam, Park Sans-
souci, Fasanerie, 1842–44.
Staircase. 6 Oct. 2004.

110. Potsdam, Park Sans-souci, Fasanerie, 1842–44. Staircase. 6 Oct. 2004.

111. Potsdam, Park Sanssouci, Hofgärtnerhaus, 1829–32.
Ansicht von Westen. 9. Dez. 2002.
112. Potsdam, Park Sanssouci, Hofgärtnerhaus, 1829–32.
Ansicht von Osten. 9. Dez. 2002.

111. Potsdam, Park Sanssouci, Hofgärtnerhaus, 1829–32.
View from the west. 9 Dec. 2002.
112. Potsdam, Park Sanssouci, Hofgärtnerhaus, 1829–32.
View from the east. 9 Dez. 2002.

113. Potsdam, Park Sanssouci, Meierei Handtmann,
1832–34. Ansicht von Südwesten. 9. Dez. 2002.
114. Potsdam, Park Sanssouci, Meierei Handtmann,
1832–34. Ansicht von Nordwesten. 9. Dez. 2002.

113. Potsdam, Park Sanssouci, Meierei Handtmann,
1832–34. View from the south-west. 9 Dec. 2002.
114. Potsdam, Park Sanssouci, Meierei Handtmann,
1832–34. View from the north-west. 9 Dec. 2002.

115. Potsdam, Park Sans-
souci, Ruinenberg, Nor-
mannischer Turm, 1845/46.
Turm und Zirkusmauer.
29. Aug. 2002.

115. Potsdam, Park Sans-
souci, Ruinenberg, Nor-
mannischer Turm, 1845/46.
Tower and circus wall.
29 Aug. 2002.

116. Potsdam, Park Sans-
souci, Ruinenberg, Exedra,
1843/44. Blick auf Krongut
Bornstedt. 29. Aug. 2002.

116. Potsdam, Park Sans-
souci, Ruinenberg, exedra,
1843/44. View of Krongut
Bornstedt. 29 Aug. 2002.

117. Potsdam, Park Sanssouci, Schloss Sanssouci, östlicher Erweiterungsbau, 1840–42. Ansicht von Südosten. 12. Nov. 2002.
118. Potsdam, Park Sanssouci, Schloss Sanssouci, östlicher Erweiterungsbau, 1840–42. Küche. 28. Okt. 2002.

117. Potsdam, Park Sanssouci, Schloss Sanssouci, eastern annexe, 1840–42. View from the south-east. 12 Nov. 2002.
118. Potsdam, Park Sanssouci, Schloss Sanssouci, eastern annexe, 1840–42. Kitchen. 28 Oct. 2002.

129. Potsdam, Am Grünen Gitter 5/6, Villa Illaire, 1843
bis 1846. Detailansicht von Nordosten. 17. Okt. 2002.
130. Potsdam, Am Grünen Gitter 5/6, Villa Illaire, 1843
bis 1846. Ansicht von Südwesten. 17. Aug. 2002.

129. Potsdam, Am Grünen Gitter 5/6, Villa Illaire, 1843
to 1846. Detailed view from the north-east. 17 Oct. 2002.
130. Potsdam, Am Grünen Gitter 5/6, Villa Illaire, 1843
to 1846. View from the south-west. 17 Aug. 2002.

131. Potsdam, Am Grünen Gitter 5/6, Villa Illaire, 1843 bis 1846. Westseite mit Pergola. 17. Okt. 2002.
132. Potsdam, Am Grünen Gitter 5/6, Villa Illaire, 1843 bis 1846. Detailansicht der Westseite. 17. Okt. 2002.

131. Potsdam, Am Grünen Gitter 5/6, Villa Illaire, 1843 to 1846. West side with pergola. 17 Oct. 2002.
132. Potsdam, Am Grünen Gitter 5/6, Villa Illaire, 1843 to 1846. Detailed view of the west side. 17 Oct. 2002.

135. Potsdam, Bertinistraße, Turmsockel der Villa Jacobs, 1836. 10. Okt. 2002.
136. Potsdam, Hegelallee/Schopenhauerstraße, Torhäuschen der Villa Persius, 1837/38. 26. Nov. 2002.

135. Potsdam, Bertinistraße, tower base of the Villa Jacobs, 1836. 10 Oct. 2002.
136. Potsdam, Hegelallee/Schopenhauerstraße, gate house of the Villa Persius, 1837/38. 26 Nov. 2002.

144. Potsdam, Reiterweg 1, Villa Tiedke, 1843–45. Ansicht des Turmes vom Dach aus. 22. Okt. 2002.
145. Potsdam, Reiterweg 1, Villa Tiedke, 1843–45. Das Impluviumdach. 22. Okt. 2002.

144. Potsdam, Reiterweg 1, Villa Tiedke, 1843–45. View of the tower from the roof. 22 Oct. 2002.
145. Potsdam, Reiterweg 1, Villa Tiedke, 1843–45. The impluvium roof. 22 Oct. 2002.

154. Potsdam, Wildpark, Zeppelinstraße, Förster-Etablissement 3, 1842. 10. Aug. 2002.
155–160, Potsdam, Wildpark, Förster-Etablissements, Tierköpfe. 4. Jan. 2003.

154. Potsdam, Wildpark, Zeppelinstraße, Förster-Etablissement 3, 1842. 10 Aug. 2002.
155–160, Potsdam, Wildpark, Förster-Etablissements, Animal heads. 4 Jan. 2003.

161. Potsdam, Weinbergstraße 64, Wohnhaus Ahok, 1845. Ansicht von Süden. 29. Aug. 2002.
162. Potsdam, Zeppelinstraße 189, Wohnhaus des Stallmeisters Brandt, 1843/44. Ansicht von Norden. 10. Nov. 2002.

161. Potsdam, Weinbergstraße 64, Ahok house, 1845. View from the south. 29 Aug. 2002.
162. Potsdam, Zeppelinstraße 189, house of Stallmeister Brandt, 1843/44. View from the north. 10 Nov. 2002.

163. Potsdam, Allee nach Sanssouci 6, Zivilkabinett,
1842/43. Ansicht von Südwesten. 10. Nov. 2002.
164. Potsdam, Zivilkabinett und Grünes Gitter, 1842/43.
17. Okt. 2002.

163. Potsdam, Allee nach Sanssouci 6, Zivilkabinett,
1842/43. View from the south-west. 10 Nov. 2002.
164. Potsdam, Zivilkabinett and Grünes Gitter, 1842/43.
17 Oct. 2002.

165. Potsdam, Allee nach Sanssouci 6, Zivilkabinett,
1842/43. Detailansicht vom Park. 17. Okt. 2002.
166. Saarmund, Am Markt 9, ev. Kirche, 1846–48.
Ansicht von Südwesten. 19. Okt. 2002.

165. Potsdam, Allee nach Sanssouci 6, Zivilkabinett,
1842/43. Detailed view from the park. 17 Oct. 2002.
166. Saarmund, Am Markt 9, Prot. church, 1846–48.
View from south-west. 19 Oct. 2002.

172. Sacrow, Krampitzer Straße, Heilandskirche, 1843/44.
Ansicht von Nordwesten. 29. Okt. 2002.

173. Sacrow, Krampitzer Straße, Heilandskirche, 1843/44.
Ansicht von Südwesten. 29. Okt. 2002.

172. Sacrow, Krampitzer Straße, Heilandskirche, 1843/44.
View from the north-west. 29 Oct. 2002.

173. Sacrow, Krampitzer Straße, Heilandskirche, 1843/44.
Detailed view from the south-west. 29 Oct. 2002.

174. Sacrow, Krampitzer Straße, Heilandskirche, 1843/44. Innenansicht in Richtung Eingang. 22. Mai 2003.

174. Sacrow, Krampitzer Straße, Heilandskirche, 1843/44. Interior view towards the entrance. 22 May 2003.

175. Sacrow, Krampitzer Straße, Heilandskirche, 1843/44. Innnenansicht in Richtung Altar. 22. Mai 2003.

175. Sacrow, Krampitzer Straße, Heilandskirche, 1843/44. Interior view towards the altar. 22 May 2003.

176. Sacrow, Krampitzer Straße, Heilandskirche, 1843/44. Detailansicht von Südwesten. 29. Okt. 2002.
177. Sacrow, Römische Bank, 1843. Blick in Richtung Glienicker Brücke. 29. Okt. 2002.

176. Sacrow, Krampitzer Straße, Heilandskirche, 1843/44. View from the south-west. 29 Oct. 2002.
177. Sacrow, Römische Bank, 1843. View towards the Glienicker Brücke. 29 Oct. 2002.

178. Sacrow, Krampitzer Straße, Heilandskirche, 1843/44. Ansicht vom Krughorn. 20. Aug. 2002.
179. Uetz, Dorfstraße 131, Fährhaus, 1834/35. Ansicht von Südosten. 28. April 2004.
180. Uetz, Dorfstraße 131, Fährhaus, 1834/35. Ansicht von Süden. 28. April 2004.

178. Sacrow, Krampitzer Straße, Heilandskirche, 1843/44. View from the Krughorn. 20 Aug. 2002.
179. Uetz, Dorfstraße 131, Fährhaus, 1834/35. View from the south-east. 28 April 2004.
180. Uetz, Dorfstraße 131, Fährhaus, 1834/35. View from the south. 28 April 2004.

Katalog

1, 2. Bad Muskau, Fürst-Pückler-Park, Orangerie, 1843/44

Bad Muskau liegt etwa 50 km südöstlich von Cottbus unmittelbar an der polnischen Grenze. Persius errichtete diese Orangerie für den Fürsten Hermann Pückler in dessen Muskauer Park an der Neiße. Das langgestreckte Gebäude wird durch vier schlanke, das Gebäude überragende Pfeiler in drei Abschnitte gegliedert, die jeweils drei große Fenster tragen. Sie schließen nach oben mit flachwinkligen Tudorbögen ab. Die Attika ist sehr hoch und wird von einem eng gesetzten Zinnenkranz gekrönt. Die Wasserspeier an den jeweils mittleren der geschlitzten Fenster verraten, dass das dahinter befindliche Dach sehr viel tiefer liegt, als die Zinnenreihe vermuten lässt. Die Fassade ist exakt nach Süden ausgerichtet. Die Orangerie dient heute als Verwaltungsgebäude und wird für Vorträge und Konzerte benutzt.

E. Börsch-Supan, Begleitband, S. 210; dies., Architekturführer, S. 116, 117.

3, 4. Berlin-Zehlendorf, Park Glienicke, Jägertor, 1842/43

Das Tor liegt am nördlichsten Punkt der Glienicker Parkanlage nur wenige hundert Meter westlich des Gasthauses Moorlake (Abb. 16) und gegenüber der Heilandskirche von Sacrow (Abb. 178). Die Flanken bilden zwei rechtwinklig zueinander geführte und leicht abknickende Mauern mit je zwei Pfeilern mit Dreipässen und Fialen, die Mauern sind zinnenbewehrt. Das westliche Mauerende umhüllt einen großen Findling. Die beiden Mauern berühren sich jedoch nicht, sondern geben in der Mitte dem eigentlichen Torbau Raum. Seine Ecken werden von vier schlanken, oktogonalen Säulen gefasst, die hohe Zinnenkronen tragen. Das Mauerwerk ist ziegelsichtig. Durch das Tor gelangt man zu dem 1828 von Schinkel im Stil der englischen Gotik erbauten Jägerhof. Persius zitiert dessen Motiv mit einem flach gespannten Tudorbogen über der Durchfahrt, sie trägt ein Kreuzrippengewölbe. Über der linken, östlichen Nebenpforte ist ein Renaissance-Wappen eingemauert, das Prinz Carl vermutlich erst später erwarb. Unter dem Zinnenkranz verläuft ein Fries aus Formsteinen, die Außenseite des Tores schmücken zwei Adlerwappen.

S. Bohle-Heintzenberg und M. Hamm, S. 80, 81; S. Fontaine, Begleitband, S. 186; S. Hoiman, Architekturführer, S. 94.

5, 6. Berlin-Zehlendorf, Park Glienicke, Teufelsbrücke, 1838/39

Die Teufelsbrücke liegt wenig oberhalb der Glienicker Havelpromenade auf halbem Wege zwischen Jägertor und Hirschtor, letzteres kurz vor der Glienicker Brücke. Der relativ steile Uferabfall des Parkgeländes wird von flachen Tälern gegliedert, die durch natürliche Erosion entstanden. Eine dieser Rinnen ließ Prinz Carl vertiefen und mit kleinen Findlingen und Geröll auskleiden. Das Wasser eines darüber gelegenen Teiches konnte fallweise abgelassen werden und erzeugte so die Illusion eines plätschernden Gebirgsbaches. Um den romantischen Effekt noch zu erhöhen, entwarf Persius eine dreibogige Brücke aus Bruchstein. Die Bögen sind mit Backstein verblendet. Der nördliche Bogen bricht abrupt ab, den Unglücksfall eines Hochwassers simulie-

rend, eine primitive Holzkonstruktion überbrückt ihn. Als die Stadt Berlin den Glienicker Park 1934 übernahm, fiel man auf diese künstliche Ruine herein und ergänzte das fehlende Bogenstück vermeintlich originalgetreu. Anfang der 1980er Jahre wurde der ursprüngliche Zustand einer Behelfsbrücke wieder hergestellt und damit der Romantik der ihr gebührende Platz gegeben.

M.-C. Schulze, Begleitband, S. 197; S. Hoiman, Architekturführer, S. 95.

7, 8. Berlin-Zehlendorf, Park Glienicke, Hirschtor, 1841/42

Das Hirschtor liegt etwa 200 m nördlich der Glienicker Brücke an der Uferpromenade der Havel hinter dem Casino. Dort war 1840 ein Pförtnerhaus abgerissen worden, nachdem der Park durch ein Geschenk von Friedrich Wilhelm IV. an seinen Bruder Carl nördlich des Casinos erweitert worden war. Durch Pilaster gegliederte Mauern mit Putzquaderung bilden zwei Viertelkreise, zwischen denen sich der Zugang öffnet. Die Mauern enden hier mit zwei Pfeilern auf rechteckigem Grundriss. Sie sind über einem ziegelsichtigen Sockel mit einem Band aus Formsteinen glatt verputzt. Die Mauern schließen nach oben mit einem Architrav und einem schmalen Gesims ab. Die Postamente tragen einen Fries von Triglyphen mit Guttae und Metopenplatten, an denen noch Befestigungselemente zu erkennen sind. Hier sollten ursprünglich Hundeköpfe aus Zinkguss angebracht werden. Über dem Fries folgt ein Eierstab, darüber liegt die allseits ein wenig hervorkragende Plinthe, auf der jeweils ein liegender Hirsch posiert, ein kapitaler Vierzehnender, der sich dem Eintretenden zuwendet. Ursprünglich waren es stehende Hirsche der Firma Geiß, sie wurden 1868 durch diese liegenden Hirsche aus der Zinkgießerei F. Kahle ersetzt. Die engere Begrenzung des Hirschtors bilden zwei die seitlichen Mauern fortsetzende Arkaden, die einfache Eisengitter halten. Auch die Durchfahrt kann mit einem Eisengitter verschlossen werden.

S. Fontaine, Begleitband, S. 185, 186; S. Hoiman, Architekturführer, S. 92, 93.

9–11. Berlin-Zehlendorf, Park Glienicke, Maschinen- und Gärtnerhaus, 1838

Das Maschinen- und Gärtnerhaus liegt, den zum Wasser hin abfallenden Hang überspannend, ein wenig nördlich des Schlosses Glienicke an der Havel. Das Gebäude ist der erste selbständig von Persius errichtete Bau für den Prinzen Carl. Er verbindet die technischen Anforderungen eines Pumpenhauses und Wasserreservoirs ideal mit denen der Garten- und Parkästhetik. Rein technisch wäre es günstiger gewesen, den Turm mit dem Reservoir oben auf dem Hang anzulegen, weil damit ein höherer Wasserdruck möglich gewesen wäre, ein so dominantes Gebäude hätte die Harmonie des Parkes und seiner Gebäude jedoch empfindlich gestört. So steht der fünfgeschossige, tief gegründete Turm unten am Hangfuß, daran links angeschlossen liegt, halb verborgen, das eigentliche Dampfmaschinen-Häuschen (Abb. 9), das bis 1952 eine 18 PS starke Pumpe der Firma Egells barg. Den Turm gliedern ein Balkon, eine Reihe von Schlitzfenstern, eine dreifache Arkade im Belvedere-Geschoss und eine abschließende Arkadenreihe vor dem Impluviumdach. Zwischen diesem und dem Belvedere befand sich der mit Kupferblech ausgeschlagene Wasserspeicher, der von

oben mit Regenwasser (Abb. 10) und von unten mit dem heraufgepumpten Wasser gefüllt wurde. Der 25 m hohe Turm, ein statisches Meisterwerk, wird im Inneren von vier Pfeilern durchzogen, Schornstein und alle Rohre sind nach innen verlegt. Auf der Hochfläche liegt das Gärtnerhaus, ein Umbau eines kleinen Vorgängerbaus. Es handelt sich um einen schlichten Quader mit fein profilierten Fensterfaschen, der die Reihe von Schlitzfenstern des Turmes wieder aufnimmt. Eine zweigeteilte Pergola führt zu dem Gebäude, zweigeteilt, weil der eigentliche Pergola-Gang nicht bis zum Eingang durchgezogen ist, sondern dort in eine quadratische Eingangspergola mit Pfeilern und zwei Säulen mündet. Dadurch entsteht eine reiche Gliederung. Wesentliches architektonisches Element des Ensembles ist der hohe Bogen, der auf der Mitte des Hanges den Turm unten mit dem Gärtnerhaus oben verbindet. Persius greift hier ein von Schinkel häufig gebrauchtes Motiv der Verbindung von Turm und Gebäude auf, so etwa bei dessen Kirchen in Müncheberg, Petzow oder Krummöls (Schlesien). Abgesehen von dem ästhetischen Reiz einer solchen Konstruktion, ergibt sich oft die Notwendigkeit, bei schlechtem Baugrund die höhere Setzung eines schweren Turmes mit kleiner Grundfläche gegenüber dem restlichen Gebäude abzufangen.

S. Bohle-Heintzenberg und M. Hamm, S. 17–19; S. Fontaine, Begleitband, S. 219, 220; S. Hoiman, Architekturführer, S. 90, 91.

12, 13. Berlin-Zehlendorf, Park Glienicke, Matrosenhaus, 1843

Das kleine Haus liegt etwa 200 m östlich des Gärtnerhauses am Waldrand, dahinter öffnet sich der große Wiesengrund. Es handelt sich um den Umbau eines älteren Hauses. Ein früherer Entwurf im Schweizer Stil fand nicht die Zustimmung des Prinzen, so wurde dieser Entwurf »im heiteren italienischen Styl« verwirklicht. Das Haus war für die Matrosen gedacht, die im Sommer Lustfahrten der Herrschaft auf der Havel ausführten. Der Sockel des zweistöckigen Gebäudes ist in Putzquaderung gehalten, wichtigstes Schmuckelement ist das Fenster auf der Schmalseite des Hauses, ein Bogenfenster mit rechts und links angeschlossenen kleineren Fenstern, das sogenannte Palladio-Motiv. Die langen Seiten des oberen Stockwerks werden von vier kleinen Rundbogenfenstern mit schmalen Kämpfern gegliedert. Der relativ niedrige Turm erhebt sich nicht ganz aus der Mitte des Matrosenhauses; unter seiner Dachkante trägt er einen umlaufenden Fries aus Terrakotta-Rosetten. Das relativ weit vorkragende Dach ist nur schwach geneigt. Das Haus wird heute privat genutzt.

S. Fontaine, Begleitband, S. 172; S. Hoiman, Architekturführer, S. 96.

14, 15. Berlin-Zehlendorf, Schloss Glienicke, Wirtschaftshof, 1845

Der Wirtschaftshof liegt praktisch unmittelbar an der Straße Potsdam–Berlin, von Berlin kommend ganz kurz vor der Einfahrt zum Schloss. Auffallendstes Element der Gebäudegruppe ist der durch einen hohen Bogen getrennte Kuh- und Pferdestall mit einem Turm. Das Motiv des Bogens als Verbindung zweier Gebäudeteile wurde von Persius öfter angewandt, so bei dem nahegelegenen Maschinen- und Gärtnerhaus oder der Meierei im Park Sanssouci (Abb. 114). Auch Schinkel verwendete es oft. Der ursprünglich gedrungene Turm wurde von Petzholtz 1872 aufgestockt; ob der Ochsenkopf mit Baldachin noch von Persius entworfen wurde, ist nicht bekannt. Die Gebäudegruppe wurde erst nach dem Tode von Persius ausgeführt. Unmittelbar an der Straße liegt ein kleines, ehemals als Konditorei errichtetes Gebäude. Das zweigeschossige Haus mit einer kleinen Eingangspergola ist glatt verputzt. Drei doppelte Rundbogenfenster auf der langen Seite, zwei auf der schmalen gliedern das obere Stockwerk; die Kämpfer verbindet ein fein profiliertes Gesims. Das Rundbogenmotiv wird von dem überdachten Schornstein übernommen.

Börsch-Supan 1977, S. 121; S. Fontaine, Begleitband, S. 213, 214; S. Hoiman, Architekturführer, S. 86, 87.

16. Berlin-Zehlendorf, Park Glienicke, Wirtshaus Moorlake, 1841

Das Wirtshaus liegt an einer schmalen Einbuchtung der Havel am Moorlakeweg; dieser zweigt vom Nikolskoer Weg ab, der Zufahrtsstraße zur Pfaueninsel. Das Haus wird seit 1875 als Gaststätte betrieben. Persius errichtete es 1841 als prinzliche Unterförsterei. Der Schweizer Stil mit dicken Balkenwänden aus Holz und weit vorkragendem Dach war damals sehr beliebt und bediente den romantischen Wunsch nach Naturnähe. Im oberen Stockwerk lag das königliche Teezimmer. Umbauten am Untergeschoss, sowohl innen als auch an den Fenstern, veränderten das Gebäude sehr.

S. Hoiman, Architekturführer, S. 97.

17. Berlin-Zehlendorf, Schloss Glienicke, Südostflügel, 1844

Betritt man das Schlossgelände von der Straße Berlin–Potsdam kommend, trifft man zuerst auf die Südostecke des Schlosses. Dieser Gebäudeteil wurde im Sommer 1844 von Persius aufgestockt, als die prinzliche Familie auf einer längeren Italienreise weilte. Im selben Flügel lagen auch die Zimmer der Hofdamen und der drei Kinder des Prinzenpaars. Die Attika über einem schmalen Gesims trägt die gleiche Putzquaderung wie das untere Stockwerk. Die Löwengestalten aus Zinkguss an den Mittelpfeilern der Fenster werden auch auf Persius zurückgeführt.

S. Fontaine, Begleitband, S. 127.

18–20. Berlin-Zehlendorf, Schloss Glienicke, Portikus, 1840

Persius schmückte den neuen Zugang zum Schloss am Ostflügel mit einem Portikus aus dorischen Säulen und Pfeilern auf attischen Basen. Das Dach ziert, von oben nach unten gesehen, ein Palmettenkranz auf der Traufe, darunter ein Eierstab und dann ein reich bewegter Figurenfries mit hingelagerten Frauengestalten, einem auf einem Delphin reitenden Putto und einer über eine Art Seekuh hingestreckten Frau. Dieser Figurenfries soll auf Schinkel zurückgehen. Darunter folgt ein blattartiger Fries und zuunterst ein Astragal, eine Perlenschnur mit dazwischengeschalteten Plättchen. Das Ganze besteht aus Zinkguss der Firma Geiß und wurde 1840 geliefert.

S. Fontaine, Begleitband, S. 126

21, 22. Berlin-Zehlendorf, Schloss Glienicke, Terrasse, 1842?

An der Südseite des Schlosses zur Löwenfontäne hin befindet sich ein Mittelrisalit mit einer von vier Pfeilern getragenen Terrasse. Hinter diesen Pfeilern liegt der Gartensaal. Die Pfeiler sind mit Zinkreliefs verkleidet, die von Persius gezeichnet und von der Firma Geiß geliefert wurden. Ob der Bildschmuck auch inhaltlich von Persius stammt, ist nicht gesichert. Über teilweise aufgerollten, girlandenartigen Bändern liegt ein rundes Medaillon mit einem geflügelten Putto. Er trägt ein Trinkgefäß an langem Band über der Schulter und in der Armbeuge ein Bund Ähren.

S. Fontaine, Begleitband, S. 127.

23, 24. Berlin-Zehlendorf, Schloss Glienicke, Löwenfontäne, 1838

Etwa halbwegs zwischen der Südfassade des Schlosses und der Straße liegt der Löwenbrunnen, ein rundes Becken mit einer zentralen Fontäne, eingerahmt von zwei Wasser speienden Löwen auf Postamenten, die von zwei Säulen getragen werden. Dieses Ensemble ist der Blickfang für das Schloss Glienicke. Es handelt sich hier um eine Gemeinschaftsarbeit von Schinkel, Persius und Lenné, zu der Persius den Lageplan lieferte. Unter der die Löwen tragenden Plinthe liegt ein Eierstab, das Postament selbst ist rechts und links mit Akanthusblättern gefasst. Zwei Hunde vor pflanzlichen Spiralbändern umgeben einen männlichen Torso, der aus einer Blüte emporwächst. Er hält einen Jagdspeer in der erhobenen Hand. Der Zinkguss stammt von der Firma Geiß.

S. Fontaine, Begleitband, S. 100, 101.

25–27. Berlin-Zehlendorf, Schloss Glienicke, Stibadium, 1840

Das Stibadium liegt an der Südseite des Schlosses Glienicke und grenzt den Garten nach Osten zum Zufahrtsweg hin ab. Die Exedra, die sich nach Westen hin, mit Blick auf Potsdam, öffnet, wird von einem Velum, einem nach Art eines Segels gerafften Holzdach überdacht, die Felder der Decke sind mit Arabesken und Götterdarstellungen bemalt. Das Dach ruht im Halbkreis auf acht kleinen dorischen Säulen auf der hinteren Mauer; im Mittelpunkt des radialstrahligen Daches stand ursprünglich eine Karyatide von Kiß aus Zinkguss, die später durch diese Figur aus Marmor ersetzt wurde. Möglicherweise handelt es sich bei diesem Stibadium auch um ein römisches Zitat, weil Plinius d. Ä. berichtet, bei seinem Landsitz gäbe es ein Stibadium, unter dem Wasser aus Röhren flösse, und gegenüber läge ein Springbrunnen, eine Situation, die auch auf Glienicke zutrifft, wo ein mit einem Löwenkopf gefasster Quell unter dem Stibadium fließt. Wichtig ist die Sichtachse aus dem Stibadium nach Westen, nach Potsdam, die durch die heutige Vegetation beeinträchtigt ist. Die Abb. 26 gibt diesen Blick auf die von Hochbauten fast erdrückte Nikolaikirche wieder, ursprünglich gemeint als Vedute, auf eine italienische Stadt gerichtet, auf Florenz oder Rom.

S. Fontaine, Begleitband, S. 127, 189–191; S. Hoiman, Architekturführer, S. 84, 85.

28, 29. Berlin-Zehlendorf, Schloss Glienicke, Orangerie und Treibhaus, 1839

Die Baugruppe liegt wenig nördlich des Schlosses hinter der Remise. Sie hat einen T-förmigen Grundriss, wobei die nach Süden orientierte Orangerie den Stamm des T bildet und die beiden Treibhäuser den Querbalken. Die Südwand der Orangerie wird von fünf großen, aneinandergekuppelten Rundbogenfenstern gegliedert und darüber elf Schlitzfenstern, wie sie Persius gern verwendete. Der nach Westen gelegene Giebel zeigt ein Drillingsfenster mit Rundbögen. Die Orangerie wurde 1940 abgerissen und 1981 nach den alten Plänen wiedererrichtet. Die gewölbte Gusseisen- und Glaskonstruktion des Treibhauses wurde von dem englischen Gartenarchitekten J. C. Loudon übernommen.

M.-C. Schulze, Begleitband, S. 208, 209; S. Hoiman, Architekturführer, S. 88, 89.

30. Bornim, Max-Eyth-Allee, Amtsturm, 1844/45

Der Amtsturm liegt etwa 1,5 km nördlich der Ortschaft Bornim bei Potsdam, auf einem flachen Hügel ein wenig oberhalb des nördlich gelegenen Sacrow-Paretzer-Kanals und des Fahrlander Sees. Der Turm und das anschließende Mäuerchen sind das einzige Überbleibsel, der klägliche Rest eines stattlichen und komplexen Oekonomie-Gehöfts, das in den Jahren 1844/45, also ganz kurz vor seinem Tode, von Persius entworfen und errichtet wurde.

Das Gehöft ging nach dem Einmarsch der Roten Armee 1945 in Flammen auf, die Reste wurden 1956 bis 1961 beseitigt, nur der Turm und das Mäuerchen blieben erhalten. Der Turm diente seinerzeit auch zur Kontrolle der Bediensteten auf den Feldern des Betriebs, heute trägt er eine Mobilfunkantenne. Er ist in gelbem Backstein ausgeführt, auf jede vierte Lage folgt ein Durchschuss von grünlichem Backstein. Einziger Schmuck neben drei schmalen Fensterschlitzen auf jeder Seite ist eine Loggia mit vier Öffnungen und Rundbögen und einem schmalen, um den Turm herumgeführten Kämpferband. In den Brüstungsmauern der Loggia kehrt das Motiv der Aussparungen des Mäuerchens wieder. Der Turm war ursprünglich durch einen Gang mit drei Arkaden mit dem Amtshaus verbunden, im Turmsockel ist die vierte, jetzt zugemauerte Arkade erhalten.

E. Börsch-Supan 1977, S. 121; dies. 1980, S. 155; S. Bohle-Heintzenberg und M. Hamm, S. 42; G. Horn, Begleitband, S. 213, 214; S. Hoiman, Architekturführer, S. 108, 109.

31. Bornstedt, Eichenallee / Amundsenstraße, Bornstedter Durchstich, 1843/44

Der Bornstedter Durchstich, ein Wassergraben, liegt westlich von Bornstedt nahe dem Wegeschnittpunkt Eichenallee/Amundsenstraße. Friedrich Wilhelm IV. beauftragte Persius mit dem Entwurf einer Brücke in Form eines römische Viadukts. Vier hohe Pfeiler tragen die Rundbögen, die Brücke ist aus Rüdersdorfer Kalkstein gemauert. Die ursprüngliche gemauerte Brüstung war verfallen und wurde deshalb bei der Instandsetzung 1997 bis 1999 durch ein hölzernes Geländer ersetzt.

E. Börsch-Supan 1980, S. 94; A. Kitschke, Begleitband, S. 196, 197; G. Horn, Architekturführer, S. 112, 113.

32. Bornstedt, Ribbeckstraße 22, Remise des Wohnhauses Rietz, 1844

An der Ribbeckstraße, kurz vor dem Krongut Bornstedt, liegt das 1844 von Persius gebaute Wohnhaus des Tischlermeisters Rietz, das in den 1980er Jahren erheblich verändert wurde. Die daneben gelegene Remise, im Obergeschoss ein Fachwerkbau, mit dem

Haus ursprünglich durch eine Pergola verbunden, ist dagegen vollständig erhalten.

G. Horn, Begleitband, S. 168, 169, und Architektur-führer, S. 114, 115.

33. Dahlen, Dorfstraße 1, Gutshaus, 1837/38

Das winzige Dorf Dahlen, Ortsteil von Gräben, liegt 2,5 km südlich von Gräben in dichten Wäldern, auf halbem Wege zwischen Görzke und Wollin. Das Gutshaus gehörte der Familie von Schierstedt; es wurde nach Entwürfen von Persius aus einem Vorgängerbau entwickelt. Der langgestreckte und symmetrische Bau ist sechsachsig und besitzt zwei Geschosse. In der Mitte findet sich ein über die beiden Geschosse reichender Risalit, darüber folgen eine nicht sehr hohe Attika mit acht schmalen, den Fenstern zugeordneten schlitzförmigen Drillingsfenstern und das nur wenig überkragende, relativ flache Dach. Hauptelement dieser Ostfassade ist eine rechteckige Tür- und Fensteröffnung mit sechs Feldern und zwei Pfeilern, gekrönt von einem großen Thermenfenster. In den 1960er Jahren wurden Gesimsprofile und Fensterfaschen entfernt, wodurch das Gebäude sehr entstellt wurde. Die Akrotere des nördlichen und südlichen Giebels sind erhalten, ebenso das Gewölbe über dem Vestibül gleich hinter dem Eingangsrisalit. In der im Keller gelegenen Küche sind noch die Gewölbe des Vorgängerbaues zu sehen, auch ein Treppengeländer aus der Erbauungszeit gibt es noch. Das Gebäude dient seit langem dem Arbeiter-Samariterbund als Pflegeheim.

A. Kitschke, Begleitband, S. 132; ders., Architektur-führer, S. 123.

34, 35. Heringsdorf, Rudolf-Breitscheid-Straße, ev. Kirche, 1846–48

Die Kirche liegt auf einer baumbestandenen Anhöhe inmitten des Badeorts Heringsdorf auf Usedom. Der Bau kam aufgrund einer Initiative von einflussreichen Badegästen zustande, die König Friedrich Wilhelm IV. um einen Zuschuss baten, der 1843 gewährt wurde. Die Kirche wurde erst nach dem Tod von Persius gebaut. Die ursprünglich einschiffige neogotische Backsteinkirche ist am westlichen Eingang von einer spitzbogigen Arkadenhalle umgeben, die 1914 im Süden um ein Joch erweitert wurde, weil die Kirche damals zwei Seitenschiffe erhielt. Beide Giebel zieren gekuppelte Drillingsfenster mit Spitzbögen und einer Fensterrose darüber. Der schlanke Turm steht, an den westlichen Giebel angeschlossen, neben der Kirche und wird von der abknickenden Arkadenreihe sehr harmonisch umfangen. Die Turmgeschosse zeigen bis auf das oberste nur eine Spitzbogenöffnung, oben sind es zwei. Der Turm endet in einem einfachen, spitzen Pyramidendach. Der Ostgiebel trägt ein kleines Türmchen.

A. Kitschke, Begleitband, S. 139, 140; ders., Architektur-führer, S. 118, 119.

36, 37. Lehnin, Klosterkirchplatz, Predigerhaus, 1843/44

Der Ort Lehnin mit seiner berühmten Klosteranlage liegt südwestlich von Potsdam gleich hinter dem Berliner Ring, südlich der Abfahrt Lehnin. Persius errichtete das Predigerhaus auf Befehl von König Friedrich Wilhelm IV. Es liegt am südlichen Eingang zum Gelände des Zisterzienserklosters St. Marien. Der sehr steile Dachstuhl mit vier Gaubenfenstern steht zwischen zwei hohen

Staffelgiebeln mit spitzbogigen Blenden und Fensteröffnungen. Den Sockel des Staffelgiebels bildet ein Fries aus Formsteinen mit Dreipässen; dieses Motiv tritt auch in der Rosette der mittleren, der höchsten Giebelstufe auf. Rechtwinklig an das Gebäude ist ein kleiner, eingeschossiger Wirtschaftstrakt angeschlossen. Im Winkel dazwischen ist eine kleine, spitzbogige Loggia als Eingang gelegt, mit einem angedeuteten Staffelgiebel und einem Vierpass. Das Predigerhaus sollte dem mittelalterlichen Stil der ganzen Klosteranlage möglichst nahekommen.

A. Kitschke, Begleitband, S. 140; ders., Architektur-führer, S. 122.

38, 39. Nedlitz, Tschudistraße 1, Brückenhaus, 1852–54

Nedlitz liegt nördlich von Potsdam an der Straße nach Spandau. Die Straße überquert dort einen Kanal zwischen dem Weißen See und dem Jungfernsee. Die von Persius gebaute Brücke wurde 2003 abgerissen und durch eine breitere Konstruktion ersetzt. So zeugt heute nur noch das Brückenhaus von Persius, eine Aufstockung des ehemaligen Fährhauses, zu der er 1844 den Entwurf lieferte. Der reich gegliederte, im Obergeschoss ziegelsichtige Bau wird von horizontalen, rötlichen Ziegellagen durchzogen und besitzt große Rundbogenfenster. Der zur Straße hin gelegene, etwas höhere Teil ist von Zinnen gekrönt, darunter folgen ein Konsolgesims und ein Rundbogenfries. Den Sockel des Obergeschosses bildet ein Zickzackfries aus Formsteinen. Drei Strebepfeiler des Untergeschosses treten oben zu Lisenen zurück.

E. Börsch-Supan 1977, S. 145; dies. 1980, S. 93, 155; A. Kitschke, Begleitband, S. 195; M. Noell, Architekturführer, S. 106, 107.

40–46. Potsdam, Park Babelsberg, Maschinenhaus, 1843/44

Das Maschinenhaus liegt unterhalb des Schlosses Babelsberg unmittelbar am Wasser, an der Glienicker Lake, genau in der Sichtachse von der Pergola des Schlosses zum Schäferberg, wo damals an der Stelle des heutigen Postturms ein Semaphor stand. Das Maschinenhaus ist ein Blickfang für alle, die vom Haupteingang des Parkes kommen. Auftraggeber war Prinz Wilhelm, der auch für die Babelsberger Anlagen Fontänen wünschte. Bauleiter war M. Gottgetreu, auf den auch spätere Umbauten zurückgehen. Persius lehnte sich stilistisch an den von Schinkel vorgegebenen »normannischen« Stil des Schlosses Babelsberg an, er verwendete keine Rundbogenfenster und bewehrte den ganzen Bau mit Zinnen. Ein Turm mit quadratischem Umriss korrespondiert diagonal gegenüber an der anderen Gebäudeecke mit dem sehr dominanten, runden Schornstein, auf dem ein schlanker, achteckiger Abschlussturm steht. Den Schornstein schmückt ein Spiralband aus grün glasierten Ziegeln. Mehrere kubische Baukörper sind asymmetrisch aneinandergefügt und mit kleinen Erkertürmchen verziert. Alle Dächer sind Impluviumdächer. Die Maschinenhalle wurde von einem Oberlicht erhellt. Überraschenderweise war die Wohnung des Maschinenmeisters mit der Halle vereint, auch befanden sich im Obergeschoss Gästezimmer. Die 40 PS starke Dampfmaschine, die die vor dem Seeufer angebrachte Fontäne auf fast 41 m Höhe trieb, war so leise, dass sie die unterschiedliche Nutzung des Hauses erlaubte.

Um die Unregelmäßigkeiten der handgestrichenen Ziegel im Mauerwerk auszugleichen, wurde der Mörtel der Fugen mit einer halbrund ausgekehlten Fugenkelle glattgezogen, so dass ein ebenmäßiges Mauerbild entstand.

E. Börsch-Supan 1977, S. 145; dies. 1980, S. 154, 155; S. Bohle-Heintzenberg, Begleitband, S. 77, 78; S. Gehlen, Begleitband, S. 221, 222; D. Athing, Architekturführer, S. 76–78.

47–54. Potsdam, Park Babelsberg, Schloss, 1844–49

Das Schloss liegt in beherrschender Lage auf dem Babelsberg über der Glienicker Lake. In einer ersten Bauphase baute Schinkel 1835–37 den östlichen Teil der Baugruppe für den Prinzen Wilhelm unter der Bauleitung von Persius. Die zweite Bauphase, 1844–49, in der der westliche Komplex entstand, beruht weitgehend auf Entwürfen von Persius. Beherrschendes Element sind das hohe Oktogon des Tanzsaals im Osten und die Fahnenturmgruppe im Westen. Dazwischen liegen unregelmäßige, vor- und rückspringende Glieder mit Balkonen und Erkern, reich gegliedert durch Gesimse, Fenster im Tudorstil, Friese und Strebepfeiler. Der Bau ist überwiegend ziegelsichtig ausgeführt. Der Tanzsaal im großen Oktogon (Abb. 49–53) erstreckt sich über die beiden unteren Geschosse, darüber liegen Dienerzimmer, auch mit Blick in den südlichen Park (Abb. 52). Das Oktogon, zinnenbewehrt wie alle Teile des Schlosses, ist hochdifferenziert gestaltet, mit verschiedenen Friesen, Fensterformen und Fenstereinfassungen.

S. Gehlen, Begleitband, S. 129–131; G. Hipfel, Architekturführer, S. 74, 75.

55–59. Potsdam, Park Babelsberg, Schloss, Tanzsaal und alte Küche, 1845–49

Der sakral wirkende, zweigeschossige Tanzsaal besitzt eine umlaufende Galerie mit einem filigranen Geländer aus Dreipässen. Hohe Bündelpfeiler tragen ein sternförmiges Rippengewölbe. Die Ausstattung des Tanzsaals, seine Stuckierung und Ausmalung stammt von J. H. Strack. Im Kellergeschoss ist die tragende Konstruktion des Tanzsaals aufgeschlossen. Weitgespannte Backsteinrippen gründen einerseits auf den Wandpfeilern, andererseits auf einem zentralen, oktogonalen Pfeiler. Dazwischen liegen flache Stichkappen. Im Kellergeschoss liegt auch die alte Küche des Schlosses. Der zweiachsige Raum besitzt drei Joche, getragen von zwei schlanken Eisensäulen mit Zinkkapitellen und einem sehr differenzierten Schmuck aus Arabesken.

S. Gehlen, Begleitband, S. 130.

60, 61. Potsdam, Zeppelinstraße 136, Dampfmahlmühle, 1841–43

Der Gebäudekomplex liegt zwischen der Zeppelinstraße und der Havel und ist einer der ersten Industriebauten der Stadt. Die vier- bis fünfgeschossige Gebäudegruppe, für die Königlich Preußische Seehandlung errichtet, hat einen H-förmigen Grundriss, wobei die Magazine die Seitenflügel einnehmen und der Querriegel das eigentliche Mühlengebäude mit der Dampfmaschine und einem hohen, zinnenbewehrten Turm, dem Schornstein. Dem ist heute auf der Havelseite die Glasfront eines Hotels vorgelagert. Auf der Straßenseite finden sich zwei zweigeschossige Beamtenhäuser, die durch eine dreijochige Bogenhalle mit dorischen Säulen verbunden sind; dies ist der ursprüngliche Eingang. Die seinerzeit auf freiem Feld errichtete Anstalt sollte mit ihrer reichen Gliederung und dem »normannischen« Stil eine malerische Wirkung erzielen, zumal sie vom Schloss Sanssouci aus gut sichtbar war. Der Komplex wird heute von den verschiedensten Institutionen genutzt: Hotel, Gericht, Restaurant, Post, Büros, Kunsthalle und Arztpraxis.

E. Börsch-Supan 1980, S. 33, 77, 153, 154; S. Bohle-Heintzenberg und M. Hamm, S. 68–71; A. Meinecke, Begleitband, S. 223, 224; J. Limberg, Architekturführer, S. 48, 49.

62–71. Potsdam, Am Grünen Gitter 3, Friedenskirche, 1844–48

Die Friedenskirche liegt, zusammen mit dem Marlygarten und dem von Lenné angelegten Teich am äußersten Ostrand des Parkes von Sanssouci. Friedrich Wilhelm IV. bestimmte die Basilika von San Clemente in Rom als Vorbild, auch sollte die Kirche ein mittelalterliches Mosaik von San Cipriano auf Murano aufnehmen, das er 1835 erworben hatte. Der Sockel besteht aus Rüdersdorfer Kalkstein und einer Ziegelschicht, der eigentliche Baukörper hat Putzquaderung, wobei unterschiedliche Farbtöne unterschiedliche Sandsteinquader vortäuschen. Das flach geneigte Zinkdach ist mit Akroteren geschmückt. Die dreischiffige Kirche besitzt eine Haupt- und zwei Nebenapsiden, die sich im Wasser spiegeln. Die Traufe der Hauptapsis ist über einem Konsolband mit Palmetten geschmückt. Der hohe Turm mit sechs offenen Geschossen und gekuppelten Drillingsarkaden zitiert den Turm von Santa Maria in Cosmedin in Rom. Der Kirche vorgelagert zum Marlygarten hin liegt ein Atrium, eine offene Halle mit dorischen Säulen und attischen Basen, an der Kirchenseite mit ionischen Kapitellen, wie sie auch im Inneren zu finden sind. Das Atrium öffnet sich mit einer doppelten Arkadenreihe sehr malerisch zum Marlygarten. Das Innere, durch Obergadenfenster gut beleuchtet, zeigt die offene Holzkonstruktion der Decke; die Säulen mit ionischen Kapitellen aus Zinkguss bestehen aus dunklem Marmor aus dem Harz. Nach dem Tod von Persius wurde der Kirchenbau von L. F. Hesse und F. von Arnim unter der Bauleitung von A. Stüler zu Ende geführt.

E. Börsch-Supan 1977, S. 128, 129; dies. 1980, S. 30, 116, 131; S. Bohle-Heintzenberg und M. Hamm, S. 61–64; A. Kitschke, Begleitband, S. 135–137; ders., Architekturführer, S. 24, 25.

72. Potsdam, Kiezstraße 10, Loge Minerva, 1844/45

Das Gebäude gehörte der 1768 in Potsdam gegründeten Freimaurerloge Minerva. Friedrich Wilhelm IV. beauftragte Persius 1843 mit dem Entwurf eines Saalbaus in einer Baulücke der Kiezstraße, der Bau wurde 1844/45 unter der Bauleitung von M. Gottgetreu ausgeführt. Das schlichte zweigeschossige und dreiachsige Gebäude wird von einem flachen Giebeldreieck gekrönt. Das glatt verputzte obere Geschoss zeigt drei große Rundbogenfenster, das untere hat eine Putzquaderung ohne Stoßfugen. Das kleinere Treppenhaus springt etwas zurück, über dem großen Rundbogeneingang liegen zwei kleinere Rundbogenfenster. Nach dem Verbot der Freimaurerbewegung durch Hitler wurde das Gebäude an die Zivilgemeinde der Garni-

sonskirche zwangsverkauft. Das Haus erlitt viele Umbauten, 1980 wurde die alte Straßenfassade wiederhergestellt.

A. Kitschke, Begleitband, S. 236; ders., Architekturführer, S. 56, 57.

73–81. Potsdam, Breite Straße 28, »Moschee«, Dampfmaschinenhaus für Park Sanssouci, 1841 bis 1843

Das Dampfmaschinenhaus von Sanssouci, die sogenannte »Moschee«, liegt unmittelbar an der Neustädter Havelbucht. Es ist dies zweifellos das eigenwilligste Gebäude von Persius. Die Stilvorgabe »nach Art der türkischen Moschee« stammt von Friedrich Wilhelm IV., und der Maschinenbauer Borsig sorgte für die technische Ausrüstung, assistiert von A. Brix als Mechaniker und M. Gottgetreu als Bauleiter. Ziel des Bauvorhabens war, für die Wasserkünste von Sanssouci eine leistungsfähige Pumpmaschine in einem malerischen Maschinenhaus zu schaffen, weil man zu Recht befürchtete, ein reiner Zweckbau würde die Gegend verschandeln. Stilvorgabe waren schließlich keine türkischen, sondern Kairoer Architekturen, der Innenraum ist der Moschee von Cordoba und der Alhambra nachempfunden. Der Außenbau besticht durch die klaren geometrischen Formen aneinandergerückter Kuben, gekrönt von einer steilen Kuppel über einem oktogonalen Unterbau und einem Tambour mit Rundbogenfenstern. Unmittelbar daneben steht, als Minarett ausgeführt, der Schornstein. Vielfarbig glasierte Ziegelreihen betonen die Horizontale des Gebäudes. Über der Brüstung des unteren Abschnitts des Minaretts erhebt sich ein oktogonaler mittlerer Teil mit großer Zickzack-Bänderung. Die Spitze des Minaretts bilden gusseiserne, wie ziseliert wirkende Arkaden und ein Halbmond. Im Inneren stehen die 80 PS starke Dampfmaschine und das Pumpenwerk, eine verwirrend vielfältige Anlage von Stangen, Hebeln und Rädern, eingefügt in die Pfeilerstrukturen mit Kleeblattbögen und reichen Kapitellen, alles aus Gusseisen und bunt bemalt, beleuchtet durch die fensterreiche Kuppel. Von hier wird noch heute, allerdings mit unauffälligen, modernen Elektropumpen, das Wasser auf den Ruinenberg nördlich des Schlosses Sanssouci gepumpt, um von dort die Fontänen des Parkes zu speisen. Ein Schauspiel, das zu betrachten Friedrich dem Großen versagt war, weil es die damalige Technik noch nicht erlaubte.

E. Börsch-Supan 1977, S. 147, 148; dies. 1980, S. 19, 33, 45, 66, 67; S. Bohle-Heintzenberg und M. Hamm, S. 74–77; S. Bohle-Heintzenberg, Begleitband, S. 75–77; S. Hoiman, Architekturführer, S. 52 bis 55.

82, 83. Potsdam, Am Neuen Garten 10, Meierei, 1843/44

Die Meierei liegt am äußersten nördlichen Ende des Neuen Gartens unmittelbar am Jungfernsee. Der Kern des Hauses war 1790–92 als Ökonomiegebäude in neogotischem Stil errichtet worden, von C. G. Langhans entworfen, ausgeführt von A. L. Krüger. Persius erhöhte den Bau um ein Geschoss und fügte in der südwestlichen Ecke einen Turm mit quadratischem Grundriss an. Die südöstliche Gebäudeecke wird durch drei spitzbogige Fenster gegliedert. Die Zinnen sind mit Terrakotta-Steinen geschmückt, darunter liegt ein Konsolfries. 1862 wurde der Meiereibetrieb eingestellt und ein Maschinenhaus gebaut, weshalb auch der Schorn-

stein errichtet werden musste. Das Gebäude wird seit 2003 von einer Brauerei-Gaststätte bewirtschaftet.

E. Börsch-Supan 1977, S. 145; dies. 1980, S. 145, 146; S. Bohle-Heintzenberg und M. Hamm, S. 122, 123; S. Gehlen, Begleitband, S. 180; S. Hoiman, Architekturführer, S. 100, 101.

84, 85. Potsdam, Am Alten Markt, Nikolaikirche, 1830–37, 1843–50

Die Nikolaikirche ist das dominante Gebäude der südlichen Potsdamer Innenstadt. Die Kirche war in einer ersten Bauphase 1830–37 von Schinkel unter Persius als Bauinspektor gebaut worden, jedoch ohne eine Kuppel. Diese wurde erst in der zweiten Bauphase von 1843–50 aufgesetzt, nachdem Persius eine gusseiserne Rippenkonstruktion entworfen hatte. Statische Probleme erzwangen mehrere Änderungen am Bau; so mussten vier Ecktürme als Widerlager errichtet werden, weil die Gefahr bestand, dass die Kirche von der Last der Kuppel auseinandergedrückt würde. Die vier Türme, teilweise mit Glocken, sind reich mit Palmetten verziert und tragen Engelsfiguren in Zinkguss von A. Kiß.

E. Börsch-Supan 1977, S. 36; dies. 1980, S. 32, 65, 79, 129; A. Meinecke, Begleitband, S. 81–87; A. Kitschke, Architekturführer, S. 58, 59.

86, 87. Potsdam, Leipziger Straße 7/8, Proviantamt mit Körnermagazin, 1844/45

Das Proviantamt mit dem Körnermagazin liegt an der Leipziger Straße zwischen dem Brauhausberg und der Havel. Der große barocke Vorgängerbau besaß ein Walmdach; er wurde, von der Wasserseite und dem Lustgarten aus gesehen, als landschaftsprägender Blickfang den Wünschen von Friedrich Wilhelm IV. nicht gerecht. Er beauftragte Persius mit der Verschönerung der Fassade. Bei dem viergeschossigen Bau wechseln Rundbogen- und Rechteckfenster ab; das Attikageschoss der gesamten Anlage ist mit Zinnen bekrönt. Den Bau überragt ein hoher Turm im »normannischen« Stil mit vier Erkern an den Ecken. Das Gebäude steht heute leer und verfällt.

E. Börsch-Supan 1977, S. 144; dies. 1980, S. 33, 154; A. Meinecke, Begleitband, S. 228, 229; J. Limberg, Architekturführer, S. 46, 47.

88–94. Potsdam, Park Sanssouci, Kastellanshaus, 1840/41

Das Kastellanshaus schließt die Schlossanlage von Sanssouci nach Osten ab. Das untere Geschoss, an den Hang gelehnt, wurde nach Art einer Felsgrotte 1788 errichtet. Friedrich Wilhelm IV. wünschte eine Aufstockung, um Wohnraum für die Hofbediensteten zu schaffen. Persius behielt die axiale Gliederung des Sockels bei und fügte nördlich und südlich zwei Kopfbauten an, wenig vorspringende Risalite mit drei gekuppelten Bogenfenstern. Die Mittelachse des Baues betont eine Ädikula von F. von Arnim, die erst 1847 angefügt wurde. Unter dem wenig vorspringenden, relativ flachen Dach liegt ein Konsolfries. Der südliche Kopfbau diente als Billardzimmer – mit Blick auf die Kuppel der Gemäldegalerie.

E. Börsch-Supan 1980, S. 135; U. Gruhl, Begleitband, S. 116, 117; S. Hoiman, Architekturführer, S. 18, 19.

95–101. Potsdam, Park Sanssouci, Neue Kammern, 1842/43

Die Neuen Kammern liegen westlich des Schlosses Sanssouci an der Maulbeerallee gegenüber der Windmühle. Der ursprüngliche Zweck des Gebäudes, eine Orangerie, war schon im 18. Jahrhundert zugunsten von Festsälen und Gästezimmern aufgegeben worden. Auf Wunsch von Friedrich Wilhelm IV. wurde die Nordfront abgerissen und durch einen zweistöckigen Gebäudeteil ergänzt, der unter anderem Dienerzimmer und zwei Treppenhäuser erhielt. Er wird zur Maulbeerallee durch einen tiefen und breiten Graben abgegrenzt, den eine gusseiserne Brücke überspannt. Am östlichen Ende entstand ein schlichter Anbau mit drei weitständigen Rundbogenfenstern. Der fast schmucklose Bau besitzt nur eine Putzquaderung und einen schmalen Zinnenfries unter der wenig vorspringenden Traufe. Im Innern befinden sich Zimmer mit Kaminen und Schlafalkoven, mit bunt bemalten Boiserien im Stil des »zweiten Rokoko«.

E. Börsch-Supan 1980, S. 136; U. Gruhl, Begleitband, S. 115, 116; S. Hoiman, Architekturführer, S. 16, 17.

102–110. Potsdam, Park Sanssouci, Fasanerie, 1842–44

Die Fasanerie liegt am Südrand des Parkes Sanssouci zwischen dem Bahnhof Wildpark und dem Schloss Charlottenhof. Da die Hofjagdgebiete in den Wildpark verlegt worden waren, wünschte Friedrich Wilhelm IV. dort die Anlage von Förstereien, den sogenannten Etablissements, und einer Fasanerie, die die Verbindung zum Park Sanssouci und dem Schloss Charlottenhof bilden sollte. Die dazugehörenden Gartenanlagen wurden von Lenné entworfen. Persius konnte bei der Fasanerie den Stil der italienischen Villa mit Turm und kunstvoll arrangierten Kuben voll entfalten, ohne Elemente von Vorgängerbauten übernehmen zu müssen. Die perfekte horizontale und vertikale Gliederung der Gebäudegruppe erzielt ihre Wirkung nach allen Seiten. Der Bau war sowohl als Funktionsbau für die Fasanenhaltung als auch als Wohnung für zwei Angestellte und ihre Familien gedacht. Die südliche Loggia mit zwei Faunen am Gitter war als Teeplatz für den König eingerichtet. Die Fasanerie dient heute als Wohnhaus.

E. Börsch-Supan 1980, S. 14; S. Bohle-Heintzenberg und M. Hamm, S. 42; H. Schönemann, Begleitband, S. 175, 176; H. Schönemann und S. Hoiman, Architekturführer, S. 32, 33.

111, 112. Potsdam, Park Sanssouci, Hofgärtnerhaus, 1829–32

Das Hofgärtnerhaus gehört zur Baugruppe der Römischen Bäder, es liegt zwischen Charlottenhof und der Handtmannschen Meierei im Südosten des Parkes Sanssouci. Bei diesem von Schinkel entworfenen und ausgeführten Gebäude war Persius als Baukonduktor eng eingebunden. Es ist dies sozusagen die Urzelle der italienischen Villa in der Potsdamer Architekturlandschaft: ein aufgelockerter Gebäudekomplex mit vielfältigen, angeschobenen Kuben, relativ flachen, weit vorkragenden Dächern, Fenstern im Rundbogenstil und einem Turm. Persius übernahm den von Schinkel geprägten Bautypus und gestaltete ihn in den zahlreichen Varianten seiner Potsdamer Villen. Das Haus wird heute als Wohnhaus und für Ausstellungen genutzt.

E. Börsch-Supan 1980, S. 143; S. Bohle-Heintzen-

berg und M. Hamm, S. 14, 15; H. Schönemann, 2002, S. 328; S. Bohle-Heintzenberg, Begleitband, S. 102 bis 104; A. Adler, Architekturführer, S. 30, 31.

113, 114. Potsdam, Park Sanssouci, Meierei Handtmann, 1832–34

Die Meierei liegt nördlich der Römischen Bäder im Winkel des nach Osten vorspringenden Parkes Sanssouci. Persius baute den Vorgängerbau des Hofgärtners Handtmann um, indem er ihn in den einzelnen Bauteilen unterschiedlich aufstockte und im Westen ein Nebengebäude anfügte. Durch die unterschiedlichen Traufhöhen wirkt der unverhältnismäßig lange Bau harmonisch gegliedert. Der offene, zwei Gebäudeteile verbindende und trennende Bogen, den Persius später in Glienicke zweimal verwandte, wurde hier zum ersten Mal von ihm gebaut. Der Südseite vorgelagert ist eine pfeilergetragene Terrasse, an die sich früher eine das Haus nach Westen begleitende Pergola anschloss. Die Nordseite zeigt über einem mit ähnlichen Pfeilern ausgestatteten Eingangsbereich eine über drei Fenster reichende Blumenbank im obersten Geschoss. Das Haus dient heute als Wohnhaus.

E. Börsch-Supan 1977, S. 115; S. Bohle-Heintzenberg und M. Hamm, S. 16; A. Kitschke, Begleitband, S. 174, 175; A. Adler, Architekturführer, S. 28, 29.

115. Potsdam, Park Sanssouci, Ruinenberg, Normannischer Turm, 1845/46

Der Normannische Turm steht auf dem Ruinenberg in der nördlichen Sichtachse des Schlosses von Sanssouci. Hier stand bereits eine Ruinenstaffage aus dem Wandfragment eines römischen Zirkus, einem dorischen Rundtempel und drei ionischen Säulen, die sich in einem großen Wasserbecken spiegeln, dem Reservoir für die Wasserspiele des Parkes. Der König wünschte hier einen Aussichtsturm, um den von Lenné gestalteten Landschaftspark überblicken zu können, auch ein Teezimmer sollte eingerichtet werden. Der von Persius vorgelegte Entwurf fand die Billigung des Königs, der Turm wurde nach Persius' Tod von F. von Arnim in Kalkbruchstein aus Rüdersdorf ausgeführt. Der Turm lehnt sich unmittelbar an die Zirkuswand und ist mit einer Zinnenkrone geschmückt.

E. Börsch-Supan 1980, S. 66, 110, 117, 136; M.-C. Schulze, Begleitband, S. 193; G. Horn, Architekturführer, S. 22, 23.

116. Potsdam, Park Sanssouci, Ruinenberg, Exedra, 1843/44

Die Exedra liegt an der westlichen Flanke des Ruinenbergs gegenüber dem Krongut Bornstedt. Die halbrunde Bank mit Greifenfüßen als Armlehnen ist von der Bank vor dem Grab der Priesterin Mamia an der Gräberstraße in Pompeji abgeleitet, auf der Goethe 1787 bei seinem Besuch in der Campagna saß. Friedrich Wilhelm IV. ließ an vielen landschaftlich markanten Stellen derartige Bänke aufstellen. Die Photographie versucht, ein Aquarell von Carl Graeb nachzustellen. Vergleiche dazu Abb. 177.

Kraus und v. Matt, S. 112, 113; M.-C. Schulze, Begleitband, S. 194; G. Horn, Architekturführer, S. 22, 23.

117–120. Potsdam, Park Sanssouci, Schloss Sanssouci, Erweiterungsbauten, 1840–42

Die Erweiterungsbauten schließen sich westlich und östlich unmittelbar an das Schloss Sanssouci an. Ihre Anlage war notwendig geworden, weil die Vorgängerbauten für die erweiterte Hofhaltung von Friedrich Wilhelm IV. nicht genügend Raum boten. Die langgestreckten, um mehrere Achsen erweiterten Gebäude sind der Nordfassade des Schlosses mit seinen korinthischen Pilastern so geschickt angepasst, dass sie kaum als Neubauten wirken. Die Stirnseiten schmücken Vorhallen mit drei Bögen. Im östlichen Anbau sind die Küche, die Backstube und der Weinkeller untergebracht, die oberen Räume dienen dem Küchenpersonal. Die Küche mit dem original erhaltenen Herd sowie den gusseisernen Säulen und Deckenträgern geht auf Entwürfe von Persius zurück; ausgeführt wurden sie von F. v. Arnim. Im westlichen Erweiterungsbau, dem Damenflügel, wohnten die Hofdamen und Kavaliere. Die Räume sind durch Treppenhäuser an den Enden des Baues erschlossen, Korridore gibt es nicht, sondern eine Enfilade in beiden Geschossen. Die Gestaltung des Traumzimmers geht, wie der Name verrät, auf einen Traum von Friedrich Wilhelm IV. zurück, das Tapetenzimmer im Obergeschoss besitzt ein Oberlicht. Der Damenflügel wurde erstmals mit Wassertoiletten ausgestattet.

E. Börsch-Supan 1977, S. 180; dies. 1980, S. 42, 57; U. Gruhl, Begleitband, S. 114, 115; S. Hoiman, Architekturführer, S. 14, 15.

121–126. Potsdam, Maulbeerallee, Stibadium im Paradiesgärtlein, 1841–48

Das Stibadium liegt etwas westlich unterhalb des Orangerieschlosses an der Maulbeerallee im botanischen Garten. Das Stibadium oder Atrium, ein Ort der Kontemplation, ist ein quadratischer, oben offener Bau mit einem Impluviumdach, ganz wie bei den Römischen Bädern von Schinkel. Ein westlicher Anbau endet in einer halbrunden Apsis, im Norden und Süden finden sich Portale und an der Ostseite eine Ädikula. Das den Bau nach oben abschließende Gebälk, ein Triglyphen-Metopenfries, trägt kein Dach, sondern setzt im Gegenteil auf dem schmalen inneren Dachkranz auf. Das Geviert des zentralen Bassins umgibt eine Reihung von Terrakottasäulen mit korinthischen Kapitellen. Im Bassin steht eine Plastik von F. L. Bürde (1846) mit einem großen Adler, der ein Reh schlägt. Der westliche Nebenraum besitzt eine schwere Kassettendecke, die Apsis schmücken pompejanische Motive mit Hermen, Vögeln und Girlanden. Das Stibadium entstand in enger Zusammenarbeit mit dem König.

E. Börsch-Supan 1977, S. 105; dies. 1980, S. 22, 140, 141; S. Bohle-Heintzenberg und M. Hamm, S. 49, 50; A. Fritsche, Begleitband, S. 189; S. Hoiman, Architekturführer, S. 20, 21.

127–134. Potsdam, Am Grünen Gitter 5/6, Villa Illaire, 1843–46

Die Villa Illaire liegt am östlichen Ende des Parkes Sanssouci. Der eingeschossige Vorgängerbau aus dem 18. Jahrhundert wurde vom Hofgärtner Sello, danach vom Hofgärtner Voß bewohnt. Persius entwarf auf Wunsch des Königs einen Umbau für den Kabinettsrat Illaire. Es entstand eine reich gegliederte Baugruppe mit unterschiedlich hohen, flachen Impluviumdächern. Nur das Sockelgeschoss trägt eine Putzquaderung, das Obergeschoss, glatt verputzt, gliedern scharf eingeschnittene Rechteckfenster mit Zinkguss-figuren an den Oberfenstern. Nur an der Straßenfront findet sich ein großes Rundbogenfenster über dem Balkon, ein Thermenfenster, mit stämmigen Putti als Karyatiden. Eine Pergola schafft die Verbindung zu dem westlich vorgelagerten Gehilfenhaus. Die relativ strenge Nordseite zum Schloss hin schmückt ein auf ausdrücklichen Wunsch von Friedrich Wilhelm IV. angebrachtes Ädikulafenster. Die einzelnen Körper des zentralen Baues verbindet ein markanter Konsolfries direkt unter der Traufe. Im östlich angrenzenden Marly-garten wurde ein Teich angelegt.

E. Börsch-Supan 1977, S. 36; dies. 1980, S. 148; S. Bohle-Heintzenberg und M. Hamm, S. 29; M.-C. Schulze, Begleitband, S. 152, 153; A. Adler, Architektur-führer, S. 26, 27.

135, 136. Potsdam, Bertinistraße, Turmsockel der Villa Jacobs, 1836, und Hegelallee/Schopenhauer-straße, Torhäuschen der Villa Persius, 1837/38

Die große und prächtige Villa Jacobs lag am nördlichen Ende der Bertinistraße am Jungfernsee nördlich der Meierei im Neuen Garten, die Villa Persius befand sich an der Ecke Hegelallee/Schopenhauerstraße schräg gegenüber der Villa Tieck. Die beiden Aufnahmen zeigen die beklagenswerten Reste dieser berühmten Ge-bäude von Persius. Die Villa Jacobs hatte den Krieg gut überstanden und fiel 1981 einem Brand zum Opfer. Von der Villa Persius blieb nur dieses östliche Torhäus-chen mit vermauertem Portal, die Villa wurde im April 1945 zerbombt.

E. Börsch-Supan 1977, S. 117, 118; S. Bohle-Heint-zenberg und M. Hamm, S. 23–28; A. Kitschke, Begleit-band, S. 149, 150; M.-C. Schulze, Begleitband, S. 155, 156.

137, 138. Potsdam, Berliner Straße 86, Villa Schö-ningen, 1843–45

Die Villa Schöningen liegt gleich am Eingang von Pots-dam an der Glienicker Brücke. In dieser exponierten Lage, damals noch fast direkt am Ufer der Havel, lag der Vorgängerbau in den Sichtachsen der Schlösser von Glienicke mit Prinz Carl und von Babelsberg mit Prinz Wilhelm als Residenten. Beiden missfiel das un-ansehnliche Gebäude, woraufhin Friedrich Wilhelm IV. Persius mit einem vollständigen Umbau beauftragte, der die beiden brüderlichen Schlossherren zufrieden-stellen sollte. Das fertige Haus wurde von Hofmarschall K. W. von Schöning erworben, dessen Familie aus Schöningen stammte. Das zur Wasserseite hin dreifach rückgestufte Gebäude besteht aus einem zweiachsi-gen, zweigeschossigen Hauptbau und einem ebenfalls zweigeschossigen, zurücktretenden Nebenbau. Da-zwischen vermittelt ein Eingangsbereich mit einer heute zugemauerten Loggia. Der Turm mit jeweils drei gekup-pelten Rundbogenfenstern geht auf einen Wunsch des Königs zurück. Die Attika gliedern die von Persius so oft verwandten Schlitzfenster. Die Pfeiler der Oberlich-ter in den Fenstern sind mit Gestalten aus Zinkguss geschmückt, eine Athena-Statue in der zentralen Ni-sche fehlt heute, sie ist aber sichergestellt. Sie stammt aus der Gießerei Geiß. Das Gebäude steht heute leer und harrt einer Restaurierung und sinnvollen Nut-zung.

E. Börsch-Supan 1977, S. 35; dies. 1980, S. 15, 150; S. Bohle-Heintzenberg und M. Hamm, S. 35, 36; K. Kür-

vers, Begleitband, 156, 157; J. Limberg, Architekturfüh-rer, S. 70, 71.

139–141. Potsdam, Schopenhauerstraße 24, Villa Tieck, 1843–46

Der König hatte 1843 den eingeschossigen Vorgänger-bau erworben, das Gebäude wurde seitdem von dem Dichter J. L. Tieck als Sommersitz genutzt. In den Jah-ren 1843 und 1844 entwarf und modifizierte Persius die Umbaupläne, den eigentlichen Bau erlebte er nicht mehr. Der siebenachsige Bau zeigt im Untergeschoss eine Putzquaderung, die Attika besitzt sechs Schlitz-fenster. Unter dem Dach verläuft ein Konsolfries, die ur-sprünglich auf die Traufe angebrachten Palmetten exis-tieren nicht mehr, ebensowenig die zentrale Ädikula mit einer sitzenden Figur der »Poesie«, einer Arbeit des Bildhauers Chr. F. Tieck, eines Bruders des Dichters. Von der Ädikula ist nur der Sockel erhalten, die Figur ist sichergestellt. Nördlich schließt sich eine große Loggia an mit drei Rundbögen und einer Balustrade. Dahinter lag eine Pergola, die heute zugemauert ist. Das Ge-bäude dient gegenwärtig als Kindergarten.

E. Börsch-Supan 1977, S. 123; dies. 1980, S. 149; S. Bohle-Heintzenberg und M. Hamm, S. 102, 103; A. Kitschke, Begleitband, S. 151, 152; J. Neuperdt, Ar-chitekturführer, S. 66, 67.

142–147. Potsdam, Reiterweg 1, Villa Tiedke, 1843–45

Persius baute dieses Haus im Auftrag von Friedrich Wiihelm IV. für dessen Kammerdiener Ernst Tiedke. Der westliche Hauptteil des Gebäudes ist ein Kubus mit gekuppelten, an die Ecken des Kubus geschobe-nen Rundfenstern, die im Inneren den Eindruck von Erkern oder Loggien geben. Die Attika schmückt ein Konsolfries, das Dach ist ein vollständig erhaltenes Impluviumdach. Die westliche und nördliche Schau-seite zu den Straßen hin zeigt jeweils eine Nische, de-ren Figuren aus Zinkguss nicht erhalten sind. Östlich angeschoben ist ein hoher Turm, ebenfalls mit Rund-bögen und den von Persius so oft verwandten Schlitz-fenstern. Im Turmsockel liegt der Eingang. Zum Haupt-bau hin vermittelt hier ein großer, eingeschossiger An-bau mit einer nach Norden gerichteten Loggia, einer Terrakotta-Arbeit der Firma March. Die östlich ange-schlossenen Bauteile, Anbau, Loggia und Erker, ent-standen nach und nach in der Folgezeit mit vielen Be-sitzerwechseln. Das Haus wird derzeit restauriert und sucht einen neuen Nutzer.

E. Börsch-Supan 1977, S. 123; dies. 1980, S. 151; S. Bohle-Heintzenfeld und M. Hamm, S. 28; A. Kitschke, Begleitband, S. 154, 155; T. Sander, Architekturführer, S. 62, 63.

148. Potsdam, Wildpark, Fuchsweg, Entenfang-Etablissement, 1841

Die Försterei liegt knapp westlich der Grenze von Pots-dam am Fuchsweg kurz nach dessen Abzweigung vom Werderschen Damm, westlich des Wildparks. In die-sem Areal, der ursprünglichen Pirschheide, wurden fünf Etablissement für die Pflege des Jagdreviers einge-richtet; auch die Fasanerie muss dazu gezählt werden. Das Entenfanggebäude, im Krieg beschädigt und da-nach stark überformt, lässt die ursprüngliche Bausub-stanz nur noch in Umrissen erkennen. Zwei Gebäude auf rechteckigem Grundriss stehen im rechten Winkel zueinander, sich an den Ecken fast berührend und nur

durch einen Turm getrennt. Dieser Turm wurde abge-tragen, sein Rest bildet das Zentrum der Aufnahme. Davon, dass hier der König seinen Tee nahm und von der Aussicht über den Lennéschen Garten hinweg be-geistert war, kündet heute nichts mehr. Das Gebäude dient jetzt als Wohnhaus.

G. Horn, Begleitband, S. 177; dies., Architekturführer, S. 42, 43.

149. Potsdam, Wildpark, Am Wildpark 1, Förster-Etablissement 1, 1842

Das Förster-Etablissement liegt südlich des Neuen Palais am Wildpark, nahe beim Bahnhof Park Sans-souci. Das am nordöstlichen Eingang des Wildparks, des Jagdgebiets des Hofes, errichtete Forsthaus wurde von Persius im mittelalterlichen oder »norman-nischen« Stil konzipiert, weil es der eher finsteren Um-gebung der angrenzenden Fichtenwälder entsprechen sollte. An das im Grundriss quadratische Gebäude, an der Hofseite durch Anbauten ergänzt, schließt sich an der nordöstlichen Ecke ein kräftiger Rundturm auf einer fortifikatorisch wirkenden Basis an. Alle diese Bauelemente sind von wuchtigen Zinnen gekrönt. Turm und Schaufronten gliedern einfache und gekuppelte Rundbogenfenster. Die Gebäudeecken an den Gesim-sen tragen Tierköpfe aus Terrakotta (Abb. 155–160). Das Gebäude beherbergt heute das Tierheim Pots-dam.

E. Börsch-Supan 1977, S. 145, 153; S. Bohle-Heint-zendorf und M. Hamm, S. 39–42; A. Kitschke, Begleit-band, S. 177–179; G. Horn, Architekturführer, S. 36, 37.

150, 151. Potsdam, Wildpark, Kuhforter Damm 21, Förster-Etablissement 2, 1842

Das Förster-Etablissement 2 liegt im Nordwesten des Wildparks; es bewachte das Nordtor des ehemals ein-gezäunten Jagdgeländes. In Anlehnung an den als hei-ter empfundenen Buchenbestand sollte es in freund-lich ländlichen Stil Oberitaliens gestaltet werden. Per-sius erreichte dies mit der lockeren Gruppierung un-terschiedlich hoher Gebäude, abwechselnd mit Giebel- und Traufenstellung. An der dem Park abgewandten westlichen Rückfront gibt es einen reizvollen Doppel-giebel. Das Haus ist glatt verputzt, stellenweise ist am ziegelsichtigen Sockel sauberer Fugenstrich erhalten. Das Gebäude wird teilweise bewohnt, es befindet sich in einem ziemlich desolaten Zustand.

A. Kitschke, Begleitband, S. 178; G. Horn, Architek-turführer, S. 38.

152, 153. Potsdam, Wildpark, Am Wildpark 2, Hegemeisterhaus am Kellerberg, 1842/43

Das Hegemeisterhaus ist als einziges Förster-Etablisse-ment kein Torhaus zum Wildpark, sondern liegt fast in der Mitte desselben auf dem Kellerberg. Es stammt nur zu Teilen von Persius, der Bauabschnitt für die könig-liche Familie kam überhaupt nicht zur Ausführung. Stärker noch als beim 1. Förster-Etablissement südlich des Neuen Palais (Abb. 149) tritt hier ein fortifikatori-scher Aspekt hervor. Das Untergeschoss ist leicht ge-böscht, unter der Attika verläuft ein mächtiger Konsol-fries. Wie so oft stellt Persius zwischen die über Ecken angeschobenen Bauquader einen Turm, der hier die Dächer allerdings nicht sehr weit überragt. Auch schmücken Tierköpfe aus Terrakotta die Ecken der Ge-simse. Das Hegemeisterhaus ist bewohnt und dient zu-gleich als Waldschule; es wird zur Zeit renoviert.

E. Börsch-Supan 1980, S. 144; A. Kitschke, Begleitband, S. 177, 178; G. Horn, Architekturführer, S. 40, 41.

154. Potsdam, Wildpark, Zeppelinstraße, Förster-Etablissement 3, 1842

Dieses Etablissement liegt am Südrand des Wildparks fast unmittelbar an der B1; es bildet den ehemaligen Südeingang zum Park. Die sehr geschlossene Gebäudegruppe kommt dem Vorbild der italienischen »fabbrica«, dem ländlichen Gehöft oder Vorwerk, wie es Persius so schätzte, besonders nahe. An der nordwestlichen Schauseite liegen der Eingang mit großem Rundbogen und eine Loggia mit Rundbogenfenstern und Zinnen. Eng gesetzte Schlitzfenster begleiten alle Gebäudeteile und das massive Turmgeschoss. An den Ecken des Gesimses, das das Erdgeschoss abschließt, finden sich besonders grazile Tierköpfe aus Terrakotta. Das Haus wird zur Zeit als Dependance des Hotels Bayrisches Haus wiederhergerichtet.

A. Kitschke, Begleitband. S. 177, 178; G. Horn, Architekturführer, S. 39.

160, Potsdam, Wildpark, Förster-Etablissements, Tierköpfe

An den Förster-Etablissements und dem Hegemeisterhaus befinden sich verschiedene Tierköpfe aus Terrakotta, Hunde, Füchse und Rehe, die immer an den Gesimsen der Gebäudeecken angebracht sind und den Betrachter an die Funktion der Gebäude erinnern sollen, an die Pflege der Jagd: Hegemeisterhaus (Abb. 155), Förster-Etablissement 3 (Abb. 156, 157), Förster-Etablissement 1 (Abb. 158–160).

161. Potsdam, Weinbergstraße 64, Wohnhaus Ahok, 1845

Das Haus, am Fuße des Mühlenbergs gegenüber der Einmündung der Mauerstraße gelegen, sollte ursprünglich im chinesischen Stil als Pagode gebaut werden, weil es Carl Ahok als Wohnhaus dienen sollte, einem chinesischen Kammerlakaien von Friedrich Wilhelm IV. Von diesem Plan wurde jedoch Abstand genommen und 1845 ein Plan von Persius aus dem Jahr 1843 verwirklicht. Das dreiachsige, zweigeschossige Haus aus gelben Ziegeln mit einem schmalen Gesims weist mit dem Giebel nach Süden, zur Straße hin, die Giebelakrotere ist nicht erhalten. Es ist dies eines der wenigen Potsdamer Wohnhäuser von Persius ohne Turm. Ein östlicher, niedrigerer Anbau besteht aus einer vorspringenden Eingangsloggia und einem eingezogenen Bauteil, der 1872 aufgestockt wurde. Der Anbau weist mit der Traufe zur Straße hin. Das Haus dient heute als Wohnhaus; es ist in gutem Zustand.

E. Börsch-Supan 1980, S. 75; A. Kitschke, Begleitband, S. 168; J. Neuperdt, Architekturführer, S. 64, 65.

162. Potsdam, Zeppelinstraße 189, Wohnhaus des Stallmeisters Brandt, 1843/44

Das Wohnhaus Brandt liegt am nördlichen Ende der Zeppelinstraße zum Luisenplatz hin. Nach einer Tagebuchnotiz von Persius war der König mit dem Projekt nicht sehr einverstanden, gab jedoch schließlich einen Kostenzuschuss. Der Stallmeister betrieb auf dem Grundstück bereits eine Reitbahn und ein Stallgebäude. Das sehr geschlossen wirkende dreigeschossige Gebäude hat westlich einen kleinen, zurückspringenden Anbau mit zwei Geschossen und drei schmalen Rundbogenfenstern. Es besitzt keinen Turm. Die

an den Schmalseiten erhaltenen Arkaden im Attikageschoss zogen sich ursprünglich auch über die Vorderseite hin. Sie wurden 1934 durch vier rechteckige Fenster ersetzt, die den vier Achsen des Hauses entsprechen. Von den Arkaden zum Luisenplatz hin sind nur zwei geöffnet, die anderen fünf sind so verputzt, dass sie geschlossene Jalousien vortäuschen. Das Gebäude dient heute als Wohnhaus.

E. Börsch-Supan 1977, S. 123; dies. 1980, S. 33, 75, 150; S. Bohle-Heintzenfeld und M. Hamm, S. 32–34; G. Horn, Begleitband S. 158, 159; dies., Architekturführer, S. 50, 51.

163–165. Potsdam, Allee nach Sanssouci 6, Zivilkabinett, 1842/43

Das ehemalige königliche Zivilkabinettshaus liegt unmittelbar vor dem Grünen Gitter. Der klassizistische Vorgängerbau, ein Wohnhaus des Gartendirektors M.-C. Schulze, wurde 1840 von Friedrich Wilhelm IV. erworben, der es als Wohnung für den Kabinettsrat von Müller und als einen seiner Residenz nahegelegenen Ort für das Zivilkabinett von Persius umbauen ließ. An der der Straße zugewandten Südseite wurde nur wenig verändert. Die beiden seitlichen Risalite erhielten Rundbogenfenster unter den Giebeln. Mehr Gewicht wurde auf die dem Park zugewandte Nordseite gelegt, wo Persius einen Turm auf quadratischem Grundriss anfügte, der im unteren Geschoss eine große, dreifache Loggia, im oberen eine offene Arkadenhalle zeigte. Die Halle ist erhalten, die untere Loggia nicht, sie wurde durch drei Rechteckfenster ersetzt. Mit der Parkfassade sollte das Zivilkabinett mit der Friedenskirche in einer umfänglichen Vedute zusammenkommen, was die Abb. 62 wiedergeben versucht. Im Zivilkabinett ist heute das Verwaltungsgericht angesiedelt.

E. Börsch-Supan 1980, S. 30, 151; S. Bohle-Heintzenberg und M. Hamm, S. 30, 32; A. Kitschke, Begleitband, S. 235; S. Ahting, Architekturführer, S. 68, 69.

166–170. Saarmund, Am Markt 9, ev. Kirche, 1846 bis 1848

Saarmund liegt etwa 10 km südöstlich von Potsdam. Persius entwarf die Kirche 1844, den Bau auszuführen war ihm nicht mehr beschieden. Der schlicht und streng wirkende Backsteinbau ist eine dreischiffige Pfeilerbasilika mit einem schlanken Turm und einer unverhältnismäßig hohen Apsis. Die Kirche ist fast genau geostet. Der Turm stammt von A. Stüler, ursprünglich sollte die Kirche sogar zwei Türme erhalten. Neun rundbogige Obergadenfenster geben der Kirche Licht, die Seitenschiffe besitzen fünf Rundbogenfenster, denen fünf Rundfenster unter den Emporen entsprechen. Die Westseite schmücken im Giebel ein Rundfenster und ein dreifach gekuppeltes Rundbogenfenster. Im Inneren überrascht der einheitliche, naturbelassene Holzton der Balkendecken von Haupt- und Seitenschiff, der Emporen und des Gestühls. Der originale Orgelprospekt ist erhalten. Die ganz hell ausgemalte Kirche zeigt eine feine gemalte Quaderung.

E. Börsch-Supan 1980, S. 113; A. Kitschke, Begleitband, S. 138, 139; ders., Architekturführer, S. 120, 121.

171–176, 178. Sacrow, Krampitzer Straße, Heilandskirche, 1843/44

Die Sacrower Kirche, noch zu Potsdam gehörend, liegt unmittelbar am Ufer der Havel, die sich hier, von der Pfaueninsel kommend, zum Jungfernsee erweitert.

Diese Kirche ist vielleicht das berühmteste Gebäude von Persius. Sie geht auf eine Ideenskizze von Friedrich Wilhelm IV. zurück, der auch den Bauplatz bestimmte. Der König besuchte den Bau oft und ordnete viele Einzelheiten an. Von außen, besonders vom gegenüberliegenden Ufer aus, wirkt der Bau wie eine dreischiffige Basilika. Dieser Eindruck entsteht durch die die Kirche vollständig umgebende Arkadenhalle mit Rundbögen. Die Säulen sind aus Sandstein, die Kapitelle aus Zinkguss. Über den Arkaden liegt ein mächtiger Konsolfries mit Palmetten. Der ganze Bau ist mit Backstein verblendet und von Lagen blau glasierter Ziegel mit Rosetten durchschossen, die die Horizontale der Kirche betonen. Fünf scheinbare Obergadenfenster mit Rundbögen geben der Kirche Licht, die westliche Giebelseite besitzt neben dem Eingang nur eine Fensterrose. Ein großer, rechteckiger Vorplatz wird im Norden durch den frei stehenden Campanile begrenzt, im Süden durch eine Rundbank mit einem Hochkreuz. Das schlichte Innere der Kirche wird von dem offenen Dachstuhl mit Holzgebälk und den sehr hoch liegenden Fenstern bestimmt, zwischen denen holzgeschnitzte Apostelfiguren von J. Alberty stehen. Die Ausmalung der Apsis stammt von C. Begas. Die die Fensterrose umgebende Orgel der Eingangsseite ist eine Attrappe. Die Kirche, unmittelbar im Grenzgebiet der ehemaligen DDR gelegen, war zeitweise sehr gefährdet, konnte aber vollständig wiederhergerichtet werde.

E. Börsch-Supan 1980, S. 29, 30, 41, 60, 61, 89, 132, 133; S. Bohlen-Heintzenberg und M. Hamm, S. 57 bis 61; A. Kitschke, Begleitband, S. 134, 135; R. Graefrath, Architekturführer, S. 102–105.

177. Sacrow, Römische Bank, 1843

Die Rundbank liegt wenig westlich der Heilandskirche unmittelbar am Ufer des Jungfernsees in der Sichtachse des Gutshauses Sacrow, mit Blick auf das heute hinter Bäumen verborgene Kasino von Glienicke, die Glienicker Brücke und den 1853–56 errichteten Flatowturm. Vorbild der mehrfach in den Parks und Gärten errichteten Bänke ist die antike Grabbank der römischen Priesterin Mamia an der Gräberstraße in Pompeji. Siehe auch Abb. 116. Es verblüfft, dass diese beiden Rundbänke so positioniert sind, dass, wer auf ihr Platz nimmt, der Aussicht den Rücken zuwendet. Auch an der pompejanischen Gräberstraße sind die Bänke zum Weg ausgerichtet.

E. Börsch-Supan 1980, S. 21, 22, 55, 63; M.-C. Schulze, Begleitband, S. 194; R. Graefrath, Architekturführer, S. 194.

179, 180. Uetz, Dorfstraße 131, Fährhaus, 1834/35

Das Dorf Uetz liegt etwa 15 km nordwestlich von Potsdam nahe der Autobahnabfahrt Potsdam-Nord. Das langgestreckte Fachwerkhaus kann Persius mit einiger Sicherheit zugeschrieben werden. Es verbindet mit seinen Holzschnitzereien russische und süddeutsche Stilformen. Ursprünglich an der Wublitz gelegen, kann dieses Fährhaus heute seiner eigentlichen Funktion nicht mehr gerecht werden, weil das Flüsschen inzwischen verlandet ist. Friedrich Wilhelm III., Besitzer der Güter Paretz und Falkenrehde, hatte Uetz 1830 erworben, um hier eine ländliche Idylle zu errichten. Davon kann heute nicht mehr die Rede sein, weil das Haus fast unmittelbar an der verkehrsreichen Autobahn liegt.

H.-Ch. Klenner, Begleitband, S. 200, 201; ders., Architekturführer, S. 110, 111.

Catalogue

1, 2. Bad Muskau, Fürst-Pückler-Park, orangery, 1843/44

Bad Muskau lies about 50 km south-east of Cottbus, directly on the Polish border. Persius built this orangery for Prince Hermann Pückler in his Muskau park on the Neisse. The long building is broken down into three axes by four slender piers rising above the building, with each axis having three large windows. They are topped by shallow-angled Tudor arches. The attic storey is very high and surrounded by closely set battlements. The gargoyles on each of the middle slit windows reveal that the roof behind them is much lower than the rows of battlements suggest. The façade faces exactly south. The orangery is now used for administrative purposes, and for lectures and concerts.

E. Börsch-Supan, Begleitband, p. 210; same author, Architekturführer, pp. 116, 117.

3, 4. Berlin-Zehlendorf, Park Glienicke, Jägertor, 1842/43

The gate is at the northernmost point of the Glienicke park, only a few hundred metres west of the Moorlake guest house (ill. 16), and opposite the Heilandskirche in Sacrow (ill. 178). The sides are formed by two walls at right angles to each other and curving slightly, each with three piers with trefoils and pinnacles; the walls are battlemented. The west end of the wall surrounds a large erratic block. The two walls do not touch, however, but leave space in the middle for the actual gate. Its corners are set in four slender, octagonal columns topped with high battlements. The masonry is exposed brickwork. The gate leads to the Jägerhof, built by Schinkel in the English Gothic style in 1828. Persius quotes this motif with a shallow Tudor arch over the way through, supporting ribbed vaulting. A Renaissance coat of arms, presumably acquired by Prince Carl at a later date, is built in over the left-hand, east side gate. Under the battlements is a frieze of shaped stone, and two coats of arms with eagles adorn the outside of the gate.

S. Bohle-Heintzenberg and M. Hamm, pp. 80, 81; S. Fontaine, Begleitband, p. 186; S. Hoiman, Architekturführer, p. 94.

5, 6. Berlin-Zehlendorf, Park Glienicke, Teufelsbrücke, 1838/39

The Teufelsbrücke is a little above the Glienicke Havel promenade, about halfway between the Jägertor and the Hirschtor, the latter shortly before the Glienicker Brücke. The relatively steep slope on the parkland banks is articulated by shallow valleys created by natural erosion. Prince Carl had one of these gulleys deepened and clad with small erratics and scree. The water in the pool above could be released when necessary, thus creating the illusion of a babbling mountain stream. Persius designed a three-arched bridge in quarry stone to enhance this romantic effect further. The arches are clad in brick. The northern arch breaks of abruptly, simulating the effects of a disastrous flood; it is bridged by a primitive timber structure. When Berlin took over the Glienicke park in 1934 the authorities were taken in by this fake ruin and replaced the missing section of the arch in a way they felt to be true to the original. The original condition of an auxiliary bridge was restored in the early 1980s, thus according romanticism its due.

M.-C. Schulze, Begleitband, p. 197; S. Hoiman, Architekturführer, p. 95.

7, 8. Berlin-Zehlendorf, Park Glienicke, Hirschtor, 1841/42

The Hirschtor is about 200 m north of the Glienicker Brücke on the Havel promenade behind the Casino. A porter's lodge was pulled down here in 1840, after the park had been extended north of the Casino by land Friedrich Wilhelm IV gave to his brother Carl. Walls with plaster ashlar and articulated with pilasters form two quarter circles with the entrance between them. The walls end here in two piers on a rectangular ground plan. They are on an exposed brick base with a band of smoothly rendered shaped stones. The walls are topped with an architrave and a narrow cornice. The pedestals support a frieze of triglyphs with guttae and metope slabs on which the fixing elements are still visible. Dogs' heads in cast zinc were originally to have been attached here. Above the frieze is an egg-and-dart moulding, and above this is a plinth, protruding on all sides, each with a recumbent stag posing on it, a capital fourteen-pointer, turning towards new arrivals. They were originally standing stags by the Geiss company, but they were replaced by these recumbent stags from F. Kahle's zinc foundry in 1868. Two arcades with iron grilles continue the side walls and form a tight boundary for the Hirschtor. The way through can also be closed with an iron grille.

S. Fontaine, Begleitband, p. 185, 186; S. Hoiman, Architekturführer, pp. 92, 93.

9–11. Berlin-Zehlendorf, Park Glienicke, power and gardener's house, 1838

The power and gardener's house, built across the slope down to the water, is a little north of Schloss Glienicke on the Havel. The building is the first commission for Prince Carl that Persius executed independently. It combines the technical requirements of a pumping station and water reservoir with the aesthetic of parks and gardens ideally. Purely technically, it would have been better to site the tower with the reservoir at the top of the slope, as this would have given higher water pressure, but such a dominant structure would have considerably detracted from the harmony of the park and its buildings. So the five-storey tower with its deep foundations stands at the bottom of the slope, and attached to its left, half concealed, is the actual little building for the steam engine (ill. 9), which until 1952 contained an 18 hp Egells pump. The tower is articulated by a balcony, a series of slit windows, a triple arcade in the belvedere floor and a concluding row of arches in front of the impluvium roof. The copper-lined water reservoir, which was filled with rainwater from the top (ill. 10) and water pumped up from below, was between this and the belvedere. The 25 m high tower, a statical masterpiece, has four internal piers, the chimney and all the pipes are inside as well. The gardener's house is on the area at the top, a conversion of a small earlier building. It is a plain cuboid with finely profiled window moulding strips, taking up the series of slit windows in the tower. A pergola, divided into two, leads to the building, split into two because the actual pergola passage does not go through to the entrance itself, but leads to a square entrance pergola with piers and two columns, thus producing rich articulation. The high arch is a key architectural element of the building, in the middle of the slope, and connecting the tower below with the gardener's house at the top. Here Persius is taking up a motif of combined tower and building that Schinkel often used, as for example in his churches in Müncheberg, Petzow or Krummöls (Silesia). Apart from the aesthetic appeal of a construction like this, the necessity often arises, if the subsoil is poor, to compensate for the higher position of a heavy tower with a small footprint in relation to the other building.

S. Bohle-Heintzenberg and M. Hamm, p. 17–19; S. Fontaine, Begleitband, pp. 219, 220; S. Hoiman, Architekturführer, pp. 90, 91.

12, 13. Berlin-Zehlendorf, Park Glienicke, sailors' house, 1843

This little house is about 200 m east of the gardener's house on the edge of the forest, with the meadowland opening up behind it. It is a converted older building. The prince did not approve of an earlier design in the Swiss style, so this version »in the light-hearted Italian style« was realized. The house was intended for the sailors who manned summer pleasure trips on the Havel for the ladies and gentlemen. The base of the two-storey building is in plaster ashlar, the most important decorative element is the window on the narrow side of the house, an arched window with smaller windows to the right and left, the so-called Palladio motif. The long sides of the upper storey are articulated by for small round-arched windows with narrow transoms. The relatively low tower thrusts up from the sailors' house just off centre; under its eaves it has a continuous frieze of terracotta roses. The roof protrudes quite considerably, but slopes only a little. The house is now privately used.

S. Fontaine, Begleitband, p. 172; S. Hoiman, Architekturführer, p. 96.

14, 15. Berlin-Zehlendorf, Schloss Glienicke, farmyard, 1845

The farmyard is practically directly on the Potsdam-Berlin road, shortly before the entrance to the Schloss when coming from Berlin. The most striking element of the group of buildings is the accommodation for cows and horses with a tower, separated by a high archway. Persius often used the motif of the arch to connect two parts of a building, as for example in the nearby power and gardener's house or the dairy in the Sanssouci park (ill. 114). Schinkel often used it as well. Petzholtz raised the originally squat tower in 1872; it is not known whether Persius designed the ox's head with baldacchino. The group of buildings was not realized until after Persius's death. A small building originally used as a cake-shop stands directly on the road. It has two storeys and an entrance pergola, and is smoothly rendered. Three double round-arched windows on the long side and two on the narrow side articulate the upper storey; the transoms are linked by a finely profiled cornice. The round-arched motif is taken from the roofed chimney.

Börsch-Supan 1977, p. 121; S. Fontaine, Begleitband, pp. 213, 214; S. Hoiman, Architekturführer, pp. 86, 87.

16. Berlin-Zehlendorf, Park Glienicke, Wirtshaus Moorlake, 1841

The inn is on a narrow bend in the Havel on Moorlakeweg; this branches off from Nikolskoer Weg, the access road to the Pfaueninsel. The building has been run as an inn since 1875. Persius built it in 1841 as a princely sub-forester's lodge. The Swiss style with thick timber-beam walls and a widely protruding roof was very popular at the time, and met the romantic desire for being close to nature. The royal tea-room was in the upper storey. The building has been much changed by modifications to the lower storey, both inside and to the windows.

S. Hoiman, *Architekturführer*, p. 97.

17. Berlin-Zehlendorf, Schloss Glienicke, south-east wing, 1844

When entering the Schloss grounds from the Berlin Potsdam road, the first building to be encountered is the south-east corner of the Schloss. Persius raised this part of the building in summer 1844, when the princely family was away on a long trip to Italy. This wing contained the rooms for the ladies-in-waiting and the princely couple's three children. The attic storey above the narrow cornice has the same plaster ashlar finish as the lower storey. The cast zinc lions on the middle piers of the windows were also Persius's work.

S. Fontaine, *Begleitband*, p. 127.

18–20. Berlin-Zehlendorf, Schloss Glienicke, portico, 1840

Persius decorated the new entrance to the Schloss in the east wing with a portico with Doric columns and piers on Attic bases. The roof is adorned, reading from top to bottom, with palmettes all the way round the eaves, below them egg-and-dart moulding, and then a lively frieze with figures of recumbent women, a putto riding on a dolphin and a woman leaning over a kind of sea-cow. This frieze with figures is said to be the work of Schinkel. Underneath this is a leaf-like frieze, and at the very bottom an astragal, a string of pearls, with little discs in between.

S. Fontaine, *Begleitband*, p. 126

21, 22. Berlin-Zehlendorf, Schloss Glienicke, terrace, 1842?

On the south side of the Schloss towards the lion fountain is a central projection with a terrace supported by four piers. The garden room is behind these piers. The piers are clad with zinc reliefs, drawn by Persius and made by Geiss. It is not certain whether Persius was also responsible for the pictorial decoration. A round medallion with a winged putto is placed above garland-like ribbons, partially rolled. He is carrying a drinking vessel over his shoulder on a long ribbon and a sheaf of corn in the crook of his arm.

S. Fontaine, *Begleitband*, p. 127.

23, 24. Berlin-Zehlendorf, Schloss Glienicke, lion fountain, 1838

The lion fountain is about halfway between the south façade of the Schloss and the road, a round basin with a central fountain, framed by two water-spewing lions on pedestals supported by two columns. This ensemble is the point de vue for Schloss Glienicke. It is joint work by Schinkel, Persius and Lenné, with Persius providing the general plan. Under the plinth supporting the lions is egg-and-dart moulding, and the pedestal itself is framed with acanthus leaves on the right- and left-hand sides. Two dogs in front of vegetable spiral bands surround a male torso growing up out of a blossom. He is carrying a hunting spear in his raised hand. The zinc casting is by Geiss.

S. Fontaine, *Begleitband*, pp. 100, 101.

25–27. Berlin-Zehlendorf, Schloss Glienicke, stibadium, 1840

The stibadium is on the south side of Schloss Glienicke and forms the boundary to the garden on the east side by the access road. The exedra, which opens to the west with a view of Potsdam, is covered with a velum, a wooden roof gathered like an awning; the ceiling fields are painted with arabesques and depictions of gods. The semicircular roof is supported on eight small Doric columns on the rear wall; a cast zinc caryatid by Kiss used to stand in the centre of the radial roof, and was replaced by this marble figure at a later date. It is possible that this stibadium is also a Roman quotation, as Pliny the Elder reports that in his country seat there was a stibadium with water flowing out of pipes underneath it, and opposite was a spring. This situation also applies to Glienicke, where a spring flows out from under the stibadium through a lion's head. The sightline from the stibadium to the west is important, looking towards Potsdam, though it is impaired by the present vegetation. Ill. 26 shows this view of the Nikolaikirche almost crushed by tall buildings; it was originally intended as a veduta, based on an Italian city like Florence or Rome.

S. Fontaine, *Begleitband*, pp. 127, 189–191; S. Hoiman, *Architekturführer*, pp. 84, 85.

28, 29. Berlin-Zehlendorf, Schloss Glienicke, orangery and hothouse, 1839

This group of buildings is a little north of the Schloss, behind the coach-house. It has a T-shaped ground plan, with the south-facing orangery as the leg of the T and the two hothouses as the arms. The south wall of the orangery is articulated by five large linked round-arched windows, with eleven window slits above them, of the kind that Persius liked to use. The gable on the west side has a triple window with round arches. The orangery was pulled down in 1940 and rebuilt in 1981 to the old plans. The vaulted cast-iron and glass construction of the hothouse was adapted from the English garden architect J.C. Loudon.

M.-C. Schulze, *Begleitband*, pp. 208, 209; S. Hoiman, *Architekturführer*, pp. 88, 89.

30. Bornim, Max-Eyth-Allee, farm tower, 1844/45

The farm tower is about 1.5 km north of the little town of Bornim near Potsdam, on a low hill a little above the Sacrow-Paretzer-Kanal to the north and the Fahrlander See. The tower and the little wall next to it are the only surviving features, the pitiful remains of an imposing and complex economy farmstead designed and built by Persius in 1844/45, in other words shortly before his death.

The farmstead went up in flames when the Red Army invaded in 1945, the remains were removed in 1956 to 1961, only the tower and the little wall have survived. The tower was used in its day to check on the farmhands as they worked in the fields, it now carries a mobile phone mast. It is in yellow brick, shot through with green brick after every fourth layer. The only decoration other than three narrow window slits on each side is a loggia with four openings and round arches and a narrow impost band around the tower. The motif of gaps in the little wall recurs in the parapet walls of the loggia. The tower was originally linked with the farmhouse by a passageway with four arches. The fourth arch, now walled up, survives in the tower base.

E. Börsch-Supan 1977, pp. 121; 1980, p. 155; S. Bohle-Heintzenberg and M. Hamm, p. 42; G. Horn, *Begleitband*, pp. 213, 214; S. Hoiman, *Architekturführer*, pp. 108, 109.

31. Bornstedt, Eichenallee / Amundsenstraße, Bornstedter Durchstich, 1843/44

The Bornstedter Durchstich, a ditch, is west of Bornstedt, near the Eichenallee/Amundsenstraße junction. Friedrich Wilhelm IV commissioned Persius to design a bridge in the from of a Roman viaduct. Four high piers carry the round arches, the bridge is built of Rüdersdorf limestone. The original masonry parapet had fallen into disrepair, and was replaced by a wooden railing during refurbishment in 1997–99.

E. Börsch-Supan 1980, p. 94; A. Kitschke, *Begleitband*, pp. 196, 197; G. Horn, *Architekturführer*, pp. 112, 113.

32. Bornstedt, Ribbeckstraße 22, coach-house of the Rietz house, 1844

In Ribbeckstraße, shortly before the Bornstedt crown estate, is the house Persius built for master-carpenter Rietz in 1844. It was considerably altered in the 1980s. The coach-house next to it, a timber-frame structure on the top floor, originally linked with the house by a pergola, has survived intact, however.

G. Horn, *Begleitband*, pp. 168, 169; same author, *Architekturführer*, pp. 114, 115.

33. Dahlen, Dorfstraße 1, mansion-house, 1837/38

The tiny village of Dahlen, administratively part of Gräben, is 2.5 km south of Gräben in dense woodland, about halfway between Görzke and Wollin. The house belonged to the Schierstedt family; it was developed from a previous building, to designs by Persius. The long, symmetrical building has six axes and two floors. In the middle is a projection rising through both floors, and above this is a low attic storey with eight narrow, slit-like triple windows relating to the other windows, and the relatively shallow roof, which protrudes very little. The main element of this east façade is a rectangular door and window aperture with six fields and two piers, topped by a large window of the kind used in Roman baths. The cornice profiles and window moulding strips were removing in the 1960s, which considerably distorted the form of the building. The acroteria on the north and south gable have survived, and so has the vaulting above the vestibule immediately behind the entrance projection. The vaulting from the predecessor building can still be seen in the kitchen, which is in the cellar, and there are also banisters from the time when the building was erected. The building has been used as a care home by the Arbeiter-Samariterbund for a long time.

A. Kitschke, *Begleitband*, p. 132; same author, *Architekturführer*, p. 123.

34, 35. Heringsdorf, Rudolf-Breitscheid-Straße, Prot. church, 1846–48

The church is on an eminence with trees in the middle of the spa town of Heringsdorf on Usedom. The church was built on the initiative of influential spa guests: they applied to King Friedrich Wilhelm IV for a subsidy, and this was granted in 1943. The church was not built until after Persius's death. The neo-Gothic brick church originally had a nave only. It has a pointed-arched hall at the west entrance, which was extended by the addition of a south bay in 1914, because the church acquired two aisles at that time. Both gables are decorated by coupled triple windows with pointed arches and a rose window above. The slender tower, attached to the west gable, stands by the church and is very harmoniously enclosed by the curved row of arches. The tower storeys have only one pointed-arched aperture until the topmost one, which has two. The tower ends in a simple, pointed pyramid roof. The east gable has a little turret.

A. Kitschke, Begleitband, pp. 139, 140; same author, Architekturführer, pp. 118, 119.

36, 37. Lehnin, Klosterkirchplatz, Predigerhaus, 1843/44

The town of Lehnin with its famous monastery is southwest of Potsdam, immediately behind the Berlin ring road, south of the Lehnin exit. Persius built the Predigerhaus (preacher's house) on the orders of Friedrich Wilhelm IV. It is by the southern entrance to the Cistercian monastery of St. Marien. The very steep attic with four dormer windows is between two tall step gables with pointed blind arches and window apertures. A frieze of shapes stones with trefoils forms the base of the step gable; this motif also occurs in the rosette of the central, highest step on the gable. At right-angles to the building is a small, single-storey domestic wing. In the angle in between is a small, pointed-arched loggia as entrance, with a suggested step gable and a quatrefoil. The Predigerhaus was intended to come as close as possible to the medieval style of the monastery as a whole.

A. Kitschke, Begleitband, p. 140; same author, Architekturführer, p. 122.

38, 39. Nedlitz, Tschudistraße 1, Brückenhaus, 1852 to 1854

Nedlitz is north of Potsdam on the road to Spandau. Here the road crosses a canal between the Weissensee and the Jungfernsee. The bridge built by Persius was pulled down in 2003 and replaced by a wider structure, so now only the Brückenhaus provides evidence of Persius. It was constructed by raising the former ferryhouse, for which he provided a design in 1844. The lavishly articulated building, with exposed brick on the top floor, has horizontal strips of red brick running through it, and large, round-arched windows. The somewhat higher section on the road side is topped with battlements, and underneath are a corbel cornice and a round-arched frieze. A zigzag frieze of shaped stones forms the base of the upper floor. Three buttresses on the ground floor shift back to form pilaster strips above.

E. Börsch-Supan 1977, p. 145; same author 1980, pp. 93, 155; A. Kitschke, Begleitband, p. 195; M. Noell, Architekturführer, pp. 106, 107.

40–46. Potsdam, Park Babelsberg, power house, 1843/44

The power house is below Schloss Babelsberg immediately by the water on the Glienicker Lake, exactly on the sightline from the pergola at the Schloss to the Schäferberg, where a semaphore station used to stand on the site of the present post-office tower. The power house is a point de vue for everyone coming from the main park entrance. It was commissioned by Prince Wilhelm, who wanted to have fountains at Babelsberg as well. The site foreman was M. Gottgetreu, who was also responsible for later modifications. Stylistically, Persius followed the »Norman« style of Schloss Babelsberg chosen by

Schinkel, but used no round-arched windows and armed the whole building with battlements. A tower with a square ground plan corresponds diagonally opposite on the other corner of the building with the very dominant, round chimney, which concludes in a slender, octagonal tower at the top. The chimney is decorated with a spiral band of green glazed tiles. Several cubic buildings are fitted together asymmetrically and decorated with little bay-window turrets. All the roofs are impluvium roofs. The machine hall was lit with a toplight. Surprisingly, the engine operator's accommodation was part of the hall, and there were also guest rooms on the top floor. The 40 hp steam engine, which forced the water in the fountains by the lake shore up to a height of almost 41 m, was so quiet that it was possible to use the building in this flexible way.

In order to compensate for the irregularities of the hand-painted tiles in the masonry the mortar in the joints was smoothed with a semicircular fluted pointing trowel, to produce the effect of a smooth wall.

E. Börsch-Supan 1977, p. 145; same author 1980, pp. 154, 155; S. Bohle-Heintzenberg, Begleitband, pp. 77, 78; S. Gehlen, Begleitband, pp. 221, 222; D. Athing, Architekturführer, pp. 76–78.

47–54. Potsdam, Park Babelsberg, Schloss, 1844 to 1849

The Schloss is in a dominant position on the Babelsberg above the Glienicker Lake. Schinkel built the eastern section of the group of buildings with Persius as site manager for Prince Wilhelm in a first building phase in 1835–37. The second building phase, 1844–49, in which the west complex was constructed, is largely based on designs by Persius. The dominant elements are the high octagon of the ballroom at the east end and the flag tower group to the west. In between are irregular elements shifting backwards and forwards, with balconies and bay windows, lavishly articulated with cornices, windows in the Tudor style, friezes and buttresses. The building is mainly in exposed brick. The ballroom in the great octagon (ill. 49–53) rises through both lower floors, and above it are servants' rooms, also with a view into the southern park (ill. 52). The octagon, crowned with battlements like all parts of the Schloss, is designed with great sophistication, with various friezes, window shapes and window framing.

S. Gehlen, Begleitband, pp. 129–131; G. Hipfel, Architekturführer, pp. 74, 75.

55–59. Potsdam, Park Babelsberg, Schloss, ballroom and old kitchen, 1845–49

The ecclesiastical-looking, two-storey ballroom has a continuous gallery with a filigree trefoil balustrade. Tall compound piers support stellar ribbed vaulting. The decoration of the ballroom, its stucco and painting, are by J. H. Strack. The load-bearing structure for the ballroom is revealed in the cellar. Wide brick ribs are supported by the pilasters and by a central, octagonal pier. In between are shallow barrel vaults with lunettes. The old Schloss kitchen is also in the cellar. The rooms has two axes and three bays, supported by two slender iron columns with zinc capitals and very sophisticated arabesque decorations.

S. Gehlen, Begleitband, p. 130.

60, 61. Potsdam, Zeppelinstraße 136, steam-powered mill, 1841–43

This building complex is between Zeppelinstraße and the Havel, and is one of the town's first industrial buildings. The four- to five-storey group of buildings, built for the Königliche Preussische Seehandlung, has an H-shaped ground plan, with the storerooms occupying the side wings and the horizontal bar forming the actual mill building with the steam engines and a high, battlemented tower, the chimney. The glass façade of a hotel has now been placed in front on the Havel side. On the street side are two two-storey officials' houses, linked by a three-bay arched hall with Doric columns; this is the original entrance. This institution built in an open field in its day, was intended to create a picturesque effect with its lavish articulation and »Norman« style, especially as it was readily visible from Schloss Sanssouci. The complex is now used by a whole variety of institutions: hotel, court, restaurant, post office, offices, art gallery and doctor's practice.

E. Börsch-Supan 1980, pp. 33, 77, 153, 154; S. Bohle-Heintzenberg and M. Hamm, pp. 68–71; A. Meinecke, Begleitband, pp. 223, 224; J. Limberg, Architekturführer, pp. 48, 49.

62–71. Potsdam, Am Grünen Gitter 3, Friedenskirche, 1844–48

The Friedenskirche, with the Marlygarten and the pool constructed by Lenné, is on the extreme periphery of the Sanssouci park. Friedrich Wilhelm IV decided that the basilica of San Clemente in Rome should be the model, and the church was also to accommodate a medieval mosaic he had acquired in 1835 from San Cipriano on Murano. The base is in Rüdersdorf limestone and a layer of brick, the actual body of the building has plaster ashlar, with different colours imitating different sandstone types. The shallowly inclined zinc roof is decorated with acroteria. The church has a nave and two aisles, with a main and two side apses reflected in the water. The eaves of the main apse are decorated with palmettes above corbel band. The high tower with six open floors and coupled triple arcades quotes the tower of Santa Maria in Cosmedin in Rome. In front of the church on the Marlygarten side is an atrium, an open hall with Doric columns and Attic bases, with Ionic capitals on the church side, as also to be found in the interior. The atrium opens very picturesequely on to the Marlygarten with a double row of arches. The interior, very well lit from clerestory windows, shows the open timber structure of the ceiling; the columns with cast zinc Ionic capitals are in dark marble from the Harz. After Persius's death, the church was completed by L. F. Hesse and F. von Arnim, with site supervision by A. Stüler.

E. Börsch-Supan 1977, pp. 128, 129; same author 1980, pp. 30, 116, 131; S. Bohle-Heintzenberg and M. Hamm, pp. 61–64; A. Kitschke, Begleitband, pp. 135 to 137, and Architekturführer, pp. 24, 25.

72. Potsdam, Kiezstraße 10, Loge Minerva, 1844/45

This building belonged to the Freemasons' Minerva Lodge, founded in Potsdam in 1768. Friedrich Wilhelm IV commissioned Persius to design a hall structure to close a gap in the buildings in Kiezstraße in 1843, and the building was realized in 1844/45, with site supervision by M. Gottgetreu. The plain two-storey building with three axes is topped by a shallow pediment. The smoothly rendered upper floor has three large round-arched windows, the lower floor has plaster ashlar without joints. The smaller staircase is set back slightly, and there are two small round-arched windows above the large round-arched main entrance. When Hitler banned the Freemasons the building was compulsorily sold to the civil congregation of the Garrison Church. The building has been much modified, the old street façade was restored in 1980.

A. Kitschke, Begleitband, p. 236; same author, Architekturführer, pp. 56, 57.

73–81. Potsdam, Breite Straße 28, »Mosque«, steam-power plant for Sanssouci, 1841–43

The Sanssouci steam-power plant, the so-called »mosque«, is immediately on the Neustadt Havel bay. This is without doubt Persius's most unusual and highly personal building. That the style should be »in the manner of a Turkish mosque« came from Friedrich Wilhelm IV, and the Borsig engineering works provided the technical equipment, assisted by A. Brix as mechanic and M. Gottgetreu as building supervisor. The aim of the building project was to provide a high performance pumping engine for the Sanssouci water shows, in a picturesque building, because all concerned were rightly afraid that a functional building would ruin the area. Ultimately the architectural style prescribed was that of Cairo rather than Turkey, and the interior is taken over from the mosque in Cordoba and the Alhambra. The exterior appeals because of the clear geometrical forms of cubes placed close to each other, topped by a steep dome above an octagonal substructure and a drum with round-arched windows. Immediately adjacent, in the form of a minaret, is the chimney. The horizontal quality of the building is emphasized by rows of brick glazed in many colours. An octagonal central section with large zigzag bands rises above the parapet of the lower section of the minaret. The tip of the minaret is made up of cast-iron arcades looking as if they have been chased, and a half moon. Inside is the 80 hp steam engine and the pumping mechanism, a bewilderingly complex array of rods, levers and wheels, fitted into the pier structures with trefoil arches and lavish capitals, all in cast iron and painted in many colours, lit by the many windows in the dome. Water is still pumped from here, though with discreet, modern electric pumps, to the mound with ruins north of Schloss Sanssouci, to feed the fountains in the park from there. This is a show that was denied to Frederick the Great because the technology of the day did not permit it.

E. Börsch-Supan 1977, pp. 147, 148; same author 1980, pp. 19, 33, 45, 66, 67; S. Bohle-Heintzenberg and M. Hamm, pp. 74–77; S. Bohle-Heintzenberg, Begleitband, pp. 75–77; S. Hoiman, Architekturführer, pp. 52 to 55.

82, 83. Potsdam, Am Neuen Garten 10, dairy, 1843/1844

The dairy – Meierei – is at the extreme northern end of the Neuer Garten, directly on the Jungfernsee. The core of the building had been erected in the neo-Gothic style in 1790–92 as a domestic building, designed by C. G. Langhans and realized by A. L. Krüger. Persius raised the building by one storey and added a tower on a square ground plan in the south-west corner. The south-east corner of the building is articulated by three pointed-arched windows. The battlements are decorated with terra-cotta stones, with a bracket frieze below them. The

dairy business was closed down in 1862 and a power house built, hence the chimney. The building has been used as a brewery-restaurant since 2003.

E. Börsch-Supan 1977, p. 145; same author 1980, pp. 145, 146; S. Bohle-Heintzenberg and M. Hamm, pp. 122, 123; S. Gehlen, Begleitband, p. 180; S. Hoiman, Architekturführer, pp. 100, 101.

84, 85. Potsdam, Am Alten Markt, Nikolaikirche, 1830–37, 1843–50

The Nikolaikirche is the dominant building to the south of central Potsdam. Schinkel built the church in a first phase in 1830–37, with Persius as building inspector, but without a dome. This was added in the second building phase in 1843–50, after Persius had designed a cast-iron rib construction. Statical problems forced many changes to the structure: four corner towers had to be erected as abutments, as the church was in danger of being pushed apart by the load from the dome. The four towers, some with bells, are lavishly decorated with palmettes and carry cast zinc angels by A. Kiss.

E. Börsch-Supan 1977, p. 36; same author 1980, pp. 32, 65, 79, 129; A. Meinecke, Begleitband, pp. 81 to 87; A. Kitschke, Architekturführer, pp. 58, 59.

86, 87. Potsdam, Leipziger Straße 7/8, quartermaster's stores with granary, 1844/45

The quartermaster's stores and granary are on Leipziger Straße between the Brauhausberg and the Havel. The large Baroque predecessor building had a hip roof; it did not satisfy Friedrich Wilhelm IV as a point de vue that had a considerable impact on the landscape when seen from the water and the Lustgarten. He commissioned Persius to beautify the façade. Round-arched and rectangular windows alternate in the four-storey building; the attic storey for the whole complex is battlemented. A tall tower in the »Norman« style with four bay windows at the corners rises above the building. The building is empty, and falling into disrepair.

E. Börsch-Supan 1977, p. 144; same author 1980, pp. 33, 154; A. Meinecke, Begleitband, pp. 228, 229; J. Limberg, Architekturführer, pp. 46, 47.

88–94. Potsdam, Park Sanssouci, castellan's house, 1840/41

The castellan's house concludes the Sanssouci Schloss complex on the east side. The lower storey, leaning on the slope, was built in 1788 in the manner of a rocky grotto. Friedrich Wilhelm IV wanted it to be raised, to provide accommodation for the court servants. Persius retained the axial articulation of the plinth and added structures at the north and south ends, slightly protruding sections with three linked arched windows. The central axis of the building is emphasized by an aedicula by F. von Arnim, which was not added until 1847. There is a bracket frieze under the slightly protruding, relatively flat roof. The building at the south end served as a billiard room, with a view of the picture gallery dome.

E. Börsch-Supan 1980, p. 135; U. Gruhl, Begleitband, pp. 116, 117; S. Hoiman, Architekturführer, pp. 18, 19.

95–101. Potsdam, Park Sanssouci, Neue Kammern, 1842/43

The Neue Kammern are west of Schloss Sanssouci on Maulbeerallee opposite the windmill. The building was originally an orangery, but this function was abandoned even in the 18th century in favour of ballrooms and guest

accommodation. The north façade was pulled down at the request of Friedrich Wilhelm IV and replaced with a two-storey section containing features including servants' rooms and two staircases. A deep, wide ditch with a cast iron bridge over it separates the complex from Maulbeerallee. A plain extension was added at the east end, with three wide round-arched windows. The building is almost undecorated, having only plaster ashlar and a narrow battlement frieze under the eaves, which protrude very little. Inside are rooms with fireplaces and sleeping alcoves, with brightly painted boiserie in the »second rococo« style.

E. Börsch-Supan 1980, p. 136; U. Gruhl, Begleitband, pp. 115, 116; S. Hoiman, Architekturführer, pp. 16, 17.

102–110. Potsdam, Park Sanssouci, Fasanerie, 1842 to 1844

The Fasanerie is on the south edge of the Sanssouci park between Wildpark station and Schloss Charlottenburg. As the court hunting grounds had been shifted to the game park, Friedrich Wilhelm IV wanted to set up forestry lodges there, the so-called Etablissements, and a Fasanerie (Pheasantry), which latter was intended to form a link with the Sanssouci park, and Schloss Charlottenhof, with its gardens designed by Lenné. Persius was able to develop the Italian villa style with tower and artfully arranged cubes fully for the Fasanerie, without having to take over elements from earlier buildings. The perfect horizontal and vertical articulation of the group of buildings makes an impact on all sides. It was intended both functionally, for pheasant rearing, and also to provide accommodation for two employees and their families. The south loggia with two fauns on the grille was set up as a place where the king could take tea. The Fasanerie is now a dwelling.

E. Börsch-Supan 1980, p. 14; S. Bohle-Heintzenberg and M. Hamm, p. 42; H. Schönemann, Begleitband, pp. 175, 176; H. Schönemann und S. Hoiman, Architekturführer, pp. 32, 33.

111, 112. Potsdam, Park Sanssouci, Hofgärtnerhaus, 1829–32

The Hofgärtnerhaus is part of the Römische Bäder group of buildings, between Charlottenhof and the Handtmann dairy in the south-east of the Sanssouci park. Persius was closely linked as building officer with this building designed and realized by Schinkel. This is, as it were, the parent cell of the Italian villa in the Potsdam architectural landscape: a loose complex of buildings with a variety of juxtaposed cubes, relatively flat, widely protruding roofs, windows in the round-arched style and a tower. Persius took over this building type created by Schinkel and designed it following the numerous variants available from his Potsdam villas. The building is now used as a dwelling and for exhibitions.

E. Börsch-Supan 1980, p. 143; S. Bohle-Heintzenberg and M. Hamm, pp. 14, 15; H. Schönemann, 2002, p. 328; S. Bohle-Heintzenberg, Begleitband, pp. 102 to 104; A. Adler, Architekturführer, pp. 30, 31.

113, 114. Potsdam, Park Sanssouci, Meierei Handtmann, 1832–34

The dairy is north of the Römische Bäder in the corner of the Sanssouci park as it thrusts eastwards. Persius rebuilt the predecessor building for court gardener Handtmann by raising the individual sections in different ways and adding a side building to the west. The different eaves heights make the unusually long building look harmoniously articulated. The open arch connecting and separating two parts of the building, which Persius used twice later in Glienicke, was built here by him for the first time. In front of the south side is a terrace supported by piers, which formerly had a pergola on the west side of the building adjacent to it. Above an entrance area with similar piers, the north side has a window-box extending across three windows on the top floor. The building is now used as a dwelling.

E. Börsch-Supan 1977, p. 115; S. Bohle-Heintzenberg and M. Hamm, p. 16; A. Kitschke, Begleitband, pp. 174, 175; A. Adler, Architekturführer, pp. 28, 29.

115. Potsdam, Park Sanssouci, Ruinenberg, Normannischer Turm, 1845/46

The Normannischer Turm stands on the Ruinenberg on Schloss Sanssouci's northern sightline. A set-piece ruin was already here, consisting of a wall fragment from a Roman circus, a circular Doric temple and three Ionic columns, reflected in a large pool, the reservoir for the park's water features. The king wanted a lookout tower here, so that he would be able to survey the landscape park designed by Lenné, and there was also to be a tea-room. Persius submitted a design that the king approved, and the tower was completed in Rüdersdorf quarry limestone by F. von Arnim after Persius's death. The tower leans directly on the circus wall and is decorated with battlements.

E. Börsch-Supan 1980, pp. 66, 110, 117, 136; M.-C. Schulze, Begleitband, p. 193; G. Horn, Architekturführer, pp. 22, 23.

116. Potsdam, Park Sanssouci, Ruinenberg, exedra, 1843/44

The exedra is on the west flank of the Ruinenberg opposite the Bornstedt crown estate. The semicircular bench with gryphon's feet as armrests is derived from the bench by the grave of the priestess Mamia in the Street of Tombs in Pompeii, which Goethe sat on during his visit to Campagna in 1787. Friedrich Wilhelm IV had benches of this kind places in many striking landscape positions. The photograph is an attempt to re-create a water-colour by Carl Graeb. For this see ill. 177.

Kraus and v. Matt, pp. 112, 113; M.-C. Schulze, Begleitband, p. 194; G. Horn, Architekturführer, pp. 22, 23.

117–120. Potsdam, Park Sanssouci, Schloss Sanssouci, annexes, 1840–42

These annexes are adjacent to Schloss Sanssouci to the east and west. They became necessary because the earlier buildings did not provide sufficient space for Friedrich Wilhelm IV's expanded court. The long buildings, extended by several axes, are so skilfully matched to the north façade of the Schloss with its Corinthian pilasters that they hardly look like new additions. The fronts have porches with three arches. The east extension accommodates the kitchen, the bakery and the wine cellar, the upper rooms are used by the kitchen staff. The kitchen with its original oven, cast-iron columns and roof supports is Persius's design, realized by F. von Arnim. The ladies-in-waiting and male courtiers lived in the west extension, the ladies' wing. Access to the rooms was by staircases at the ends of the building, there are no corridors, but an enfilade on both storeys. The design of the Traumzimmer (Dream Room) arose from a dream by Friedrich Wilhelm IV, the Tapetenzim-

mer (Wallpaper Room) on the top floor has a skylight. The ladies' wing was the first to have water-closets.

E. Börsch-Supan 1977, p. 180; same author 1980, pp. 42, 57; U. Gruhl, Begleitband, pp. 114, 115; S. Hoiman, Architekturführer, pp. 14, 15.

121–126. Potsdam, Maulbeerallee, stibadium in the Paradiesgärtlein, 1841–48

The stibadium is a little to the west below the Orangerieschloss on Maulbeerallee in the botanical garden. The stibadium or atrium, a place of contemplation, is a square structure, open at the top, with an implumium roof, just as in Schinkel's Römische Bäder. An extension on the west side ends in a semicircular apse, there are portals to the north and south and an aedicula on the east side. The entablature at the top, a triglyph metope frieze, does not support a roof, but sits on the narrow internal roof cornice. The square of the central pool is surrounded by a row of terra-cotta columns with Corinthian capitals. The pool contains a sculpture by F. L. Bürde (1846) featuring a large eagle striking a stag. The room on the west side has a heavy coffered ceiling, the apse is decorated with Pompeian motifs: herms, birds and garlands. The stibadium was designed in close co-operation with the king.

E. Börsch-Supan 1977, p. 105; same author 1980, pp. 22, 140, 141; S. Bohle-Heintzenberg and M. Hamm, pp. 49, 50; A. Fritsche, Begleitband, p. 189; S. Hoiman, Architekturführer, pp. 20, 21.

127–134. Potsdam, Am Grünen Gitter 5/6, Villa Illaire, 1843–46

The Villa Illaire is at the east end of the Sanssouci park. The earlier single-storey building from the 18th century was occupied by the court gardener Sello, and then by his successor Voss. At the king's request, Persius designed a conversion for Kabinettsrat Illaire. This produced a richly articulated group of buildings with flat impluvium roofs of different heights. Only the base storey has plaster ashlar, the upper floor, smoothly rendered, is articulated by sharply incised rectangular windows with cast zinc figures on the upper windows. Only on the street façade is there a large, round-arched window over the balcony, a window of the kind found in Roman baths, with sturdy putti as caryatids. A pergola creates a link with the apprentices' house at the front on the west side. The relatively austere north aspect, on the Schloss side, is decorated by an aedicula window added at the express wish of Friedrich Wilhelm IV. The individual sections of the central building are connected by a striking bracket frieze immediately below the eaves. A pool was placed in the Marlygarten, which is adjacent on the east side.

E. Börsch-Supan 1977, p. 36; same author 1980, p. 148; S. Bohle-Heintzenberg and M. Hamm, p. 29; M.-C. Schulze, Begleitband, pp. 152, 153; A. Adler, Architekturführer, pp. 26, 27.

135, 136. Potsdam, Bertinistraße, tower base of the Villa Jacobs, 1836, and Hegelallee/Schopenhauerstraße, gatehouse of the Villa Persius, 1837/1838

The large and magnificent Villa Jacobs was at the north end of Bertinistraße on the Jungfernsee, north of the Meierei in the Neuer Garten, the Villa Persius was on the corner of Hegelallee and Schopenhauerstraße, diagonally opposite the Villa Tieck. The two photographs show

the pitiful remains of these famous buildings by Persius. The Villa Jacobs survived the war and then burnt out in 1981. Only this little east gatehouse with its walled-up portal remains of the Villa Persius, which was destroyed by bombing in April 1945.

E. Börsch-Supan 1977, pp. 117, 118; S. Bohle-Heintzenberg and M. Hamm, pp. 23–28; A. Kitschke, Begleitband, pp. 149, 150; M.-C. Schulze, Begleitband, pp. 155, 156.

137, 138. Potsdam, Berliner Straße 86, Villa Schöningen, 1843–45

The Villa Schöningen is just on the Potsdam boundary at the Glienicker Brücke. Its predecessor was sited in this exposed position, at the time almost directly on the bank of the Havel, on the sightlines of the palaces in Glienicke and Babelsberg, with Prince Carl and Prince Wilhelm as their respective residents. Neither prince liked the unprepossessing building, so Friedrich Wilhelm IV commissioned Persius to reconstruct it completely, in order to satisfy the fraternal occupants of the palaces. The completed building was bought by Hofmarschall K. W. von Schöning, whose family came from Schöningen. The building shifts back in three steps on the river side, and consists of a main section with two axes and two storeys, and a reticent side building, also with two storeys. In between a loggia, now walled up, served as an entrance area. The tower with three coupled round-arched windows on each side was requested by the king. The attic storey is articulated by the slit windows that Persius so often used. The piers for the skylights in the windows are decorated with cast zinc figures, a statue of Athene in the central niche is not in place today, but is in safe keeping. It came from the Geiß foundry. The building is empty today, waiting for restoration and to be put to sensible use.

E. Börsch-Supan 1977, p. 35; same author 1980, pp. 15, 150; S. Bohle-Heintzenberg and M. Hamm, pp. 35, 36; K. Kürvers, Begleitband, pp. 156, 157; J. Limberg, Architekturführer, pp. 70, 71.

139–141. Potsdam, Schopenhauerstraße 24, Villa Tieck, 1843–46

The king had acquired the single-storey earlier building in 1843, and it had been used as a summer retreat by the poet J. L. Tieck ever since. Persius drew and modified the conversion plans in 1843 and 1844, but did not live to see them realized. The building has seven axes with plaster ashlar on the lower storey, and the attic storey has six slit windows. A bracket frieze runs below the roof, the palmettes that were originally on the eaves no longer exist, nor does the central aedicula with a seated figure of »Poetry«, the work of the sculptor C. F. Tieck, one of the poet's brothers. Only the base of the aedicula has survived, the figure is in safe keeping. To the north is a large loggia with three large round arches and a balustrade. Beyond this was a pergola, which is now walled up. The building is used as a kindergarten at present.

E. Börsch-Supan 1977, p. 123; same author 1980, p. 149; S. Bohle-Heintzenberg and M. Hamm, pp. 102, 103; A. Kitschke, Begleitband, pp. 151, 152; J. Neuperdt, Architekturführer, pp. 66, 67.

142–147. Potsdam, Reiterweg 1, Villa Tiedke, 1843 to 1845

Persius was commissioned to build this house by Friedrich Wilhelm IV, for his manservant Ernst Tiedke. The main western section of the building is a cube with coupled round-arched windows pushed into the corners, looking like bay windows or loggias from the inside. The attic storey is decorated with a bracket frieze, and the roof is an impluvium that has survived intact. The west and north show sides on the roads each has a niche; the cast zinc figures have not survived. A tall tower stands on the east side, also with round arches and the slit windows that Persius used so often. The entrance is in the base of the tower. A large single-storey extension forms a link with the main building. This has a north-facing loggia, which is terra-cotta work by March. The buildings on the east side, extension, loggia and bay window, came into being gradually in the subsequent period, with many changes of owner. The building is being restored at the time of writing, and is looking for a new user.

E. Börsch-Supan 1977, p. 123; same author 1980, p. 151; S. Bohle-Heintzenfeld and M. Hamm, p. 28; A. Kitschke, Begleitband, pp. 154, 155; T. Sander, Architekturführer, pp. 62, 63.

148. Potsdam, Wildpark, Fuchsweg, Entenfang-Etablissement, 1841

This forestry lodge is just west of the Potsdam boundary on Fuchsweg, shortly after it branches off from the Werderscher Damm, west of the Wildpark. Five Etablissements were set up to look after the hunting grounds in this area, originally the stalking moor; the Fasanerie is also included here. The Entenfang building, damaged in the war and then considerably remodelled, only suggest the outlines of the original building stock. Two buildings on a rectangular ground plan stand at right angles to each other, almost touching at the corners and separated only by a tower. The tower has been demolished, its remains can be seen in the centre of the photograph. There is nothing to tell us that the king took his tea here and was enthusiastic about the view over Lenné's garden. The building is now used as a dwelling.

G. Horn, Begleitband, p. 177; same author, Architekturführer, pp. 42, 43.

149. Potsdam, Wildpark, Am Wildpark 1, Förster-Etablissement 1, 1842

The Förster-Etablissement 1 is south of the Neues Palais by the Wildpark, near to Park Sanssouci station. This forestry lodge, built at the north-east entrance to the Wildpark, the court hunting area, was conceived by Persius in the medieval or »Norman« style to conform with the somewhat gloomy surroundings provided by the adjacent spruce woods. A powerful round tower on a base that looks fortified is attached to the building on a square ground plan, complemented by extensions on the courtyard side. All these elements are massively battlemented. Single and coupled round-arched windows articulate the tower and show façades. The corners of the building have terra-cotta animal heads on the cornices (ill. 155–160). The building now accommodates the Potsdam animal home.

E. Börsch-Supan 1977, pp. 145, 153; S. Bohle-Heintzendorf and M. Hamm, pp. 39–42; A. Kitschke, Begleitband, pp. 177–179; G. Horn, Architekturführer, pp. 36, 37.

150, 151. Potsdam, Wildpark, Kuhforter Damm 21, Förster-Etablissement 2, 1842

Förster-Etablissment 2 is in the north-west of the Wildpark; it guarded the north gate of the formerly fenced

hunting grounds. Taking its cue from the surrounding beech wood, which is seen as cheerful, it was to be built in the light-hearted rural style of Northern Italy. Persius achieved this with a loose grouping of buildings of different heights, alternating eaves-on and gable-on positioning. The west rear façade, facing away from the park, has a charming double gable. The building is smoothly rendered, in places clean pointing has survived on the exposed brick base. Part of the building is lived in but it is in fairly dismal condition.

A. Kitschke, Begleitband, p. 178; G. Horn, Architekturführer, p. 38.

152, 153. Potsdam, Wildpark, Am Wildpark 2, Hegemeisterhaus am Kellerberg, 1842/43

The Hegemeisterhaus is the only forestry Etablissement that is not a gatehouse to the Wildpark, but almost in the middle of it, on the Kellerberg. Only parts of it are by Persius, the section for the royal family was never realized. Even more than in Förster-Etablissement 1 south of the Neues Palais (ill. 149), there is a sense of fortifications here. The walls of the bottom floor are slightly inclined, and there is a powerful bracket frieze below the attic storey. As so often, Persius placed a tower between the corner-on cuboids, though here it is not much higher than the roofs. Terra-cotta animal heads also decorate the cornice corners. The Hegemeisterhaus is occupied and, in addition, serves as a forest school; it is being renovated at the time of writing.

E. Börsch-Supan 1980, p. 144; A. Kitschke, Begleitband, pp. 177, 178; G. Horn, Architekturführer, pp. 40, 41.

154. Potsdam, Wildpark, Zeppelinstraße, Förster-Etablissement 3, 1842

This Etablissement is on the south edge of the Wildpark, almost directly on the B1 road. It used to be the south entrance to the park. The very closed group of buildings comes particularly close to the model of the Italian »fabbrica«, the rural farmstead or outlying farm, which Persius was very fond of. On the north-west show side are the entrance with large round arches and a loggia with round-arched windows and battlements. Closely set slit windows feature in all parts of the building and the massive tower storey. At the corners of the cornice that tops the ground floor are particularly graceful terra-cotta animal heads. The building is currently being restored as a branch of the Bayrisches Haus hotel.

A. Kitschke, Begleitband. p. 177, 178; G. Horn, Architekturführer, p. 39.

155–160, Potsdam, Wildpark, Förster-Etablissements, animal heads

The Förster-Etablissements and the Hegemeisterhaus are decorated with various terra-cotta animal heads: dogs, foxes and deer, which are always attached to the cornices at the corners of the buildings and intended to remind viewers of their function, the pursuit of hunting: Hegemeisterhaus (ill. 155), Förster-Etablissement 3 (ill. 156, 157), Förster-Etablissement 1 (ill. 158–160).

161. Potsdam, Weinbergstraße 64, Ahok house, 1845

This house, at the foot of the Mühlenberg opposite the junction with Mauerstraße, was originally to have been built as a pagoda in the Chinese style, as it was to have provided a home for Carl Ahok, a Chinese manservant of Friedrich Wilhelm IV. But this plan was abandoned,

and an 1843 plan by Persius realized in 1845. The house has three axes and two storeys, and was built in yellow brick with narrow cornice. Its gable points south, towards the road, and the gable acroterion has not survived. This is one of Persius's few residential buildings in Potsdam without a tower. A lower extension on the east side consists of a protruding entrance loggia and a recessed section that was raised in 1872. The extension is eaves-on to the street. The house is currently used as a dwelling, and is in good condition.

E. Börsch-Supan 1980, p. 75; A. Kitschke, Begleitband, p. 168; J. Neuperdt, Architekturführer, pp. 64, 65.

162. Potsdam, Zeppelinstraße 189, house of Stallmeister Brandt, 1843/44

The Brandt house is at the north end of Zeppelinstraße, towards Luisenplatz. According to a note in Persius's diary, the king was not very keen on the project, but finally granted a subsidy. The stable-master was already running a riding arena and a stable building on the plot. The three-storey building looks very closed, and has a small, recessed extension on the west side, with two storeys and three narrow, round-arched windows. It has no tower. The arches that have survived in the attic storey originally extended over the front as well. They were replaced in 1934 by four rectangular windows corresponding with the building's four axes. Only two of the arches on the Luisenplatz side are open, the other have been rendered to look like closed blinds. The building is now used as a dwelling.

E. Börsch-Supan 1977, p. 123; same author 1980, pp. 33, 75, 150; S. Bohle-Heintzenberg and M. Hamm, pp. 32–34; G. Horn, Begleitband pp. 158, 159; same author, Architekturführer, pp. 50, 51.

163–165. Potsdam, Allee nach Sanssouci 6, Zivilkabinett, 1842/43

The former royal cabinet building is directly in front of the Grünes Gitter. The earlier Classicistic building, the home of garden director M.-C. Schulze, was acquired by Friedrich Wilhelm IV in 1840. He had it converted by Persius as accommodation for Kabinettsrat von Müller and as a location, close to his residence, for the civil cabinet. Very little was changed on the south side, facing the road. The two side projections acquired round-arched windows under the gables. More attention was paid to the north side, facing the park, where Persius added a tower on a square ground plan. This had a large, triple loggia on the bottom floor with an open, arcaded hall above. The hall has survived, the lower loggia has not; it was replaced with three rectangular windows. The Zivilkabinett was intended to form an extensive veduta with the Friedenskirche, which ill. 62 attempts to recreate. The administrative court now sits in the Zivilkabinett.

E. Börsch-Supan 1980, pp. 30, 151; S. Bohle-Heintzenberg and M. Hamm, pp. 30, 32; A. Kitschke, Begleitband, p. 235; p. Ahting, Architekturführer, pp. 68, 69.

166–170. Saarmund, Am Markt 9, Prot. church, 1846 to 1848

Saarmund is about 10 km south-east of Potsdam. Persius designed the church in 1844, but it was not granted to him to build it. The plain, austere-looking brick building is a pier basilica with a nave and two aisles and a slender tower, and an unusually high apse. The church faces almost exactly east. The tower is by A. Stüler, the church was actually intended to have two towers at first. Nine round-arched clerestory windows provide the church with light, the aisles have five round-arched windows, matched by five round windows under the galleries. The west side is decorated by a round window in the gable and a triple coupled round-arched window. The uniform, natural timber colouring of the beamed roofs of the nave and aisles, the galleries and the pews is a surprising feature of the interior. The original organ case has survived. The brightly painted church has finely painted ashlar effects.

E. Börsch-Supan 1980, p. 113; A. Kitschke, Begleitband, pp. 138, 139; same author, Architekturführer, pp. 120, 121.

171–176, 178. Sacrow, Krampitzer Straße, Heilandskirche, 1843/44

The Sacrow church, still under the jurisdiction of Potsdam, is directly on the banks of the Havel as it flows down from the Pfaueninsel and broadens out into the Jungfernsee. This church is perhaps Persius's most famous building. It is based on a schematic sketch by Friedrich Wilhelm IV, who also chose the site. The king often visited the building, and laid down a number of details. From the outside, and particularly from the opposite bank, the building looks like a basilica with a nave and two aisles. The impression is given by the round-arched arcade hall that surrounds the church completely. The columns are in sandstone, the capitals in cast zinc. Above the arcades is a powerful bracket frieze with palmettes. The whole building is clad in brick, shot through with layers of blue-glazed tiles with rosettes, emphasizing the church's horizontal quality. Five conspicuous clerestory windows with round arches provide the church with light; apart from the entrance, the west gable side has only a rose window. A large, rectangular forecourt is bordered on the north side by the free-standing campanile, and on the south side by a round bench with a tall cross. The church's plain interior is defined by the open roof truss with wooden beams and the windows, placed at a great height, with carved wooden figures of the Apostles by J. Alberty between them. The paintwork in the apse is by C. Begas. The organ around the rose window is a dummy. The church, which stands right in the former GDR border area, was under considerable threat for a time, but it was possible to restore it completely.

E. Börsch-Supan 1980, pp. 29, 30, 41, 60, 61, 89, 132, 133; S. Bohlen-Heintzenberg and M. Hamm, p. 57 to 61; A. Kitschke, Begleitband, pp. 134, 135; R. Graefrath, Architekturführer, pp. 102–105.

177. Sacrow, Roman bench, 1843

The round bench is not far west of the Heilandskirche, immediately on the shore of the Jungfernsee on the sightline of the Sacrow manor house, with a view of the Glienicke officers' mess, which is now hidden behind trees, the Glienicker Brücke and the Flatow tower, built in 1853–56. The ancient tomb-bench of the Roman priestess Mamia in the Street of Tombs in Pompeii is the model for the benches that were set up in many places in the parks and gardens. See also ill. 116. It is amazing that these two round benches are positioned so that anyone who sits down on them has his or her back to the view. The benches actually face the road on the Street of Tombs in Pompeii.

E. Börsch-Supan 1980, pp. 21, 22, 55, 63; M.-C. Schulze, Begleitband, p. 194; R. Graefrath, Architekturführer, p. 194.

179, 180. Uetz, Dorfstraße 131, Fährhaus, 1834/35

The village of Uetz is about 15 km north-west of Potsdam, near to the Potsdam-Nord motorway exit. This long, timber-frame building can be attributed to Persius with some certainty. It fits in with his woodcuts of Russian and South German stylistic forms. Originally on the Wublitz, this ferry building can no longer fulfil its original function because the little river has silted up. Friedrich Wilhelm III, owner of the Paretz and Falkenrehde estates, had acquired Uetz in 1830, so that he could create a rural idyll here. There is no sense of this at all today, as the building is almost directly on the busy motorway.

H.-Ch. Klenner, Begleitband, pp. 200, 201; same author, Architekturführer, pp. 110, 111.

Literaturverzeichnis

Adreg, G., *Reinhold Persius. Architektur-Zeichnungen von einer Italienreise 1860*, Berlin 1984. (Der Autorenname ist ein Pseudonym für Gerda Hübschmann, Enkelin von Reinhold, Urenkelin von Ludwig Persius.)

Arche, Anton, »Etwas über die Dornschen Lehmdächer«, *Allgemeine Bauzeitung*, 4, 1839, S. 333/334.

Architekturführer: Stiftung Preußische Schlösser und Gärten Berlin-Brandenburg (Hrsg.), *Architekturführer anläßlich der Ausstellung Ludwig Persius, Architekt des Königs, Baukunst unter Friedrich Wilhelm IV. im Schloss Babelsberg, Potsdam, vom 20. Juli bis 19. Oktober 2003*, Potsdam 2003.

Begleitband: Stiftung Preußische Schlösser und Gärten Berlin-Brandenburg (Hrsg.), *Begleitband zur Ausstellung Ludwig Persius, Architekt des Königs, Baukunst unter Friedrich Wilhelm IV. im Schloss Babelsberg, Potsdam, vom 20. Juli bis 19. Oktober 2003*, Regensburg 2003.

Blondel, François, *Cours d'architecture*, 5 Teile, Paris 1675–1683.

Blondel, Jacques-François, *Architecture françoise ou recueil des plans, élévations, coupes et profils des églises, maisons royales, palais … avec la description de ces édifices, des dissertations utiles …*, Paris 1752 bis 1756.

Boetticher, Carl, *Tektonik der Hellenen*, 1. Teil, Potsdam 1844.

Bohle-Heintzenberg, Sabine, und Manfred Hamm, *Ludwig Persius, Architekt des Königs*, Berlin 1993.

Börsch-Supan, Eva, *Berliner Baukunst nach Schinkel 1840–1870*, München 1977.

Börsch-Supan, Eva (Hrsg.), *Ludwig Persius, das Tagebuch des Architekten Friedrich Wilhelms IV., 1840 bis 1845*, München 1980.

Bouchet, Jules, *Le Laurentin, Maison de campagne de Pline*, Paris 1852.

Brönner, Wolfgang, und Jürgen Strauß, *Bürgerliche Villen in Potsdam*, Potsdam 2000.

Dehio, Ludwig, *Friedrich Wilhelm IV. von Preußen. Ein Baukünstler der Romantik*, hrsg. von Hans-Herbert Möller, München und Berlin 1961, Reprint 2003.

Durand, Jean-Nicolas-Louis, *Précis des leçons d'architecture données a l'École polytechnique*, 2 Bände, Paris 1817–1819.

Durand, Jean-Nicolas-Louis, *Recueil et parallèle des édifices de tout genre … dessinés sur une même échelle*, Paris 1799–1801.

Eggert, Klaus, *Die Hauptwerke Friedrich von Gärtners*, München 1963.

Egle, Joseph, »Bericht über die Ausstellung von architektonischen Entwürfen, Handzeichnungen, Kupferwerken … bei der 4. Versammlung deutscher Architekten«, *Allgemeine Bauzeitung*, 10, 1845, S. 339–362.

Egle, Joseph, »Das Dampfmaschinenhaus und die Fontainen am Babelsberge bei Potsdam und Das Oekonomiegehöfte Bornim«, *Allgemeine Bauzeitung*, 11, 1846, S. 219–227.

Fleetwood Hesketh, Peter und Roger, »Ludwig Persius of Potsdam«, *The Architects' Journal*, July 1928, S. 77 bis 120.

Fontaine, Pierre François Léonard, und Charles Percier, *Choix des plus célèbres maisons de plaisance de Rome et ses environs*, Paris 1824.

Gandy, Joseph Michael, *Designs for cottages, cottage farms and other rural buildings*, London 1805.

Goury, Jules, und Owen Jones, *Plans, elevations, sections and details of the Alhambra*, London 1842–45.

Hitchcock, Henry-Russell, »Romantic Architecture of Potsdam«, *International Studio*, 199, 1931, S. 46 ff.

Hitchcock, Henry-Russell, *Architecture: Nineteenth and Twentieth Centuries*, Harmondsworth 1971 (Paperbackausgabe).

Horn, Gabriele, »Baustil und Naturstimmung – der Wildpark in Potsdam«, in: Begleitband, S. 57–63.

Hunt, Thomas Frederick, *Architettura Campestre: displayed in lodges, gardeners' houses, and other buildings, composed of simple and economical forms in the modern or Italian style*, London 1827.

Kania, Hans, *Potsdam, Staats- und Bürgerbauten*, Berlin 1939 (*Karl Friedrich Schinkel. Lebenswerk*).

Kitschke, Andreas, »Eigenständig, doch dem König geistig nahe – Ludwig Persius«, in: *Friedrich Wilhelm IV., Künstler und König, zum 200. Geburtstag*, Ausstellungskatalog der Stiftung Schlösser und Gärten Berlin-Brandenburg, Potsdam 1995, S. 44–50.

Kraus, Theodor, und Leonard v. Matt, *Lebendiges Pompeji*, Köln 1977.

Kürvers, Klaus, »Der Umbau vorhandener Gebäude zur Verschönerung der Landschaft, Theorie und Praxis eines ›romantischen Funktionalismus‹ am Beispiel der Villa Schöningen«, in: Begleitband, S. 47–55.

Lohde, Ludwig, Rezension zu: *Architektonische Entwürfe für den Umbau vorhandener Gebäude. Auf Allerhöchsten Befehl Sr. Maj. Des Königs von Preussen herausgegeben von Persius, königl. Baurathe, Hofarchitekten und Mitgliede der Ober-Bau-Deputazion. Erste und zweite Lieferung*, Potsdam 1843, *Literatur- und Anzeigenblatt für das Baufach. Beilage zur Allgemeinen Bauzeitung*, 9, 1844.

Lugar, Robert, *Architectural sketches for cottages, rural dwellings and villas in the grecian, gothic and fancy styles*, London 1805.

Mansbridge, Michael, und John Summerson, *John Nash. A complete catalogue*, Oxford 1991.

Neininger, Falko, »Persius und der Potsdamer Immediatbaufonds«, in: Begleitband, S. 89–94.

Normand, Charles Pierre Joseph, *Nouveau parallèle des ordres d'architecture*, Paris 1825.

Normand, Charles Pierre Joseph, *Recueil varié de plans et de façades de maisons de ville et de campagne*, Paris 1815.

Percier, Charles, und Pierre François Léonard Fontaine, *Plans de plusieurs chateaux Palais et Résidences de Souverains de France, d'Italie, d'Espagne et de Russie*, Paris 1833.

Persius, Ludwig, »Beschreibung eines bei Potsdam erbauten Wohnhauses (Villa Persius)«, *Allgemeine Bauzeitung*, 4, 1839, S. 235–238; Taf. 306–311.

Persius, Ludwig, *Die neuesten Bau-Ausführungen Sr. Königl. Hoheit des Prinzen Karl von Preußen im Schloß-Park zu Glienicke bei Potsdam. Architektonisches Album*, 8, 1842.

Persius, Ludwig, »Die Baulichkeiten im Königlichen Wildpark bei Potsdam …«, *Allgemeine Bauzeitung*, 8, 1843, S. 343–347.

Persius, Ludwig, »Die Dienstwohnung des Hofgärtners Handmann zu Sanssouci«, *Allgemeine Bauzeitung*, 9, 1844, S. 149–151, Tafel 598–600.

Persius, Ludwig, »Das Dampfmaschinenhaus und die Fontainen zu Babelsberg«, *Allgemeine Bauzeitung*, 11, 1846, S. 219.

Persius, Ludwig, *Architektonische Entwürfe für den Umbau vorhandener Gebäude. Auf Allerhöchsten Befehl Seiner Majestät des Königs von Preussen herausgegeben von Persius. 1. Lieferung: Das königl. Civil-Cabinetshaus b. Sanssouci. 2. Lieferung: Die Hofgärtner Sello'sche Dienstwohnung zu Sanssouci, Potsdam 1843, 3. Lieferung: Die Villa Schöningen an der Glienicker Brücke*, Potsdam 1845, *4. Lieferung: Umbau des Hauses für den Geheimen Cabinetsrath … in Sanssouci, Umbau der Meierei im Königl. Neuen Garten zu Potsdam, Umbau des Fährpächterhauses zu Sacrow bei Potsdam*, Potsdam 1849.

Persius, Ludwig, »Entwürfe für den Neubau kleiner ländlicher Wohnhäuser in der Umgegend Potsdams von Persius«, *Zeitschrift für Bauwesen*, 6, 1856, S. 111 f. und 477–480, Tafel. 20, 50.

Peschken, Goerd, *Karl Friedrich Schinkel. Das Architektonische Lehrbuch*, Berlin 1979 (*Karl Friedrich Schinkel. Lebenswerk*).

Pieper, Jan, »Die Maschine im Interieur. Ludwig Persius' Dampfmaschinenhaus im Babelsberger Park«, *Daidalos*, 53, 1994, S. 104–115.

Pugin, Augustus Welby Northmore, *The true principles of pointed or Christian architecture*, London 1841.

Rondelet, Jean, *Traité théoretique et pratique de l'art de batir*, Paris 1802–17.

Sander, Thomas, »Die Baugeschichte der Villa Tiedke«, *Brandenburgische Denkmalpflege*, Jg. 13, 2004, Heft 1, S. 76–81.

Schinkel, Karl Friedrich, *Sammlung Architektonischer Entwürfe. Collection of Architectural Designs*, Chicago 1981.

Sievers, Johannes, *Bauten für den Prinzen Karl von Preußen*, Berlin 1942 (*Karl Friedrich Schinkel, Lebenswerk*).

Weber, Klaus Konrad, *Ludwig Persius*, phil. Diss., Berlin 1967 (Manuskript).

Bibliography

Adreg, G., *Reinhold Persius. Architektur-Zeichnungen von einer Italienreise 1860*, Berlin, 1984. (The author's name is a pseudonym for Gerda Hübschmann, granddaughter of Reinhold, great-granddaughter of Ludwig Persius.)

Arche, Anton, »Etwas über die Dornschen Lehmdächer«, *Allgemeine Bauzeitung*, 4, 1839, pp. 333/334.

Architekturführer: Stiftung Preußische Schlösser und Gärten Berlin-Brandenburg (ed.), *Architekturführer anläßlich der Ausstellung Ludwig Persius, Architekt des Königs, Baukunst unter Friedrich Wilhelm IV. im Schloss Babelsberg, Potsdam, vom 20. Juli bis 19. Oktober 2003*, Potsdam, 2003.

Begleitband: Stiftung Preußische Schlösser und Gärten Berlin-Brandenburg (ed.), *Begleitband zur Ausstellung Ludwig Persius, Architekt des Königs, Baukunst unter Friedrich Wilhelm IV. im Schloss Babelsberg, Potsdam, vom 20. Juli bis 19. Oktober 2003*, Regensburg, 2003.

Blondel, François, *Cours d'architecture*, 5 parts, Paris, 1675–1683.

Blondel, Jacques-François, *Architecture françoise ou recueil des plans, élévations, coupes et profils des églises, maisons royales, palais ... avec la description de ces édifices, des dissertations utiles ...*, Paris, 1752 to 1756.

Boetticher, Carl, *Tektonik der Hellenen*, 1st part, Potsdam, 1844.

Bohle-Heintzenberg, Sabine, und Manfred Hamm, *Ludwig Persius, Architekt des Königs*, Berlin, 1993.

Börsch-Supan, Eva, *Berliner Baukunst nach Schinkel 1840–1870*, Munich, 1977.

Börsch-Supan, Eva (ed.), *Ludwig Persius, das Tagebuch des Architekten Friedrich Wilhelms IV., 1840 bis 1845*, Munich, 1980.

Bouchet, Jules, *Le Laurentin, Maison de campagne de Pline*, Paris, 1852.

Brönner, Wolfgang, and Jürgen Strauß, *Bürgerliche Villen in Potsdam*, Potsdam, 2000.

Dehio, Ludwig, *Friedrich Wilhelm IV. von Preußen. Ein Baukünstler der Romantik*, ed. by Hans-Herbert Möller, Munich and Berlin, 1961, reprint 2003.

Durand, Jean-Nicolas-Louis, *Précis des leçons d'architecture données a l'École polytechnique*, 2 volumes, Paris, 1817–1819.

Durand, Jean-Nicolas-Louis, *Recueil et parallèle des édifices de tout genre ... dessinés sur une même échelle*, Paris, 1799–1801.

Eggert, Klaus, *Die Hauptwerke Friedrich von Gärtners*, Munich, 1963.

Egle, Joseph, »Bericht über die Ausstellung von architektonischen Entwürfen, Handzeichnungen, Kupferwerken ... bei der 4. Versammlung deutscher Architekten«, *Allgemeine Bauzeitung*, 10, 1845, pp. 339–362.

Egle, Joseph, »Das Dampfmaschinenhaus und die Fontainen am Babelsberge bei Potsdam und Das Oekonomiegehöfte Bornim«, *Allgemeine Bauzeitung*, 11, 1846, pp. 219–227.

Fleetwood Hesketh, Peter and Roger, »Ludwig Persius of Potsdam«, *The Architects' Journal*, July 1928, pp. 77 to 120.

Fontaine, Pierre François Léonard, und Charles Percier, *Choix des plus célèbres maisons de plaisance de Rome et ses environs*, Paris, 1824.

Gandy, Joseph Michael, *Designs for cottages, cottage farms and other rural buildings*, London, 1805.

Goury, Jules, and Owen Jones, *Plans, elevations, sections and details of the Alhambra*, London, 1842–45.

Hitchcock, Henry-Russell, »Romantic Architecture of Potsdam«, *International Studio*, 199, 1931, pp. 46 ff.

Hitchcock, Henry-Russell, *Architecture: Nineteenth and Twentieth Centuries*, Harmondsworth, 1971 (paperback edition).

Horn, Gabriele, »Baustil und Naturstimmung – der Wildpark in Potsdam«, in: Begleitband, pp. 57–63.

Hunt, Thomas Frederick, *Architettura Campestre: displayed in lodges, gardeners' houses, and other buildings, composed of simple and economical forms in the modern or Italian style*, London, 1827.

Kania, Hans, *Potsdam, Staats- und Bürgerbauten*, Berlin, 1939 (*Karl Friedrich Schinkel. Lebenswerk*).

Kitschke, Andreas, »Eigenständig, doch dem König geistig nahe – Ludwig Persius«, in: *Friedrich Wilhelm IV., Künstler und König, zum 200. Geburtstag*, exhibition catalogue of the Stiftung Schlösser und Gärten Berlin-Brandenburg, Potsdam, 1995, pp. 44–50.

Kraus, Theodor, and Leonard v. Matt, *Lebendiges Pompeji*, Cologne, 1977.

Kürvers, Klaus, »Der Umbau vorhandener Gebäude zur Verschönerung der Landschaft, Theorie und Praxis eines ›romantischen Funktionalismus‹ am Beispiel der Villa Schöningen«, in: Begleitband, pp. 47–55.

Lohde, Ludwig, Rezension zu: *Architektonische Entwürfe für den Umbau vorhandener Gebäude. Auf Allerhöchsten Befehl Sr. Maj. Des Königs von Preußen herausgegeben von Persius, königl. Baurathe, Hofarchitekten und Mitgliede der Ober-Bau-Deputazion. Erste und zweite Lieferung*, Potsdam, 1843, *Literatur- und Anzeigenblatt für das Baufach. Beilage zur Allgemeinen Bauzeitung*, 9, 1844.

Lugar, Robert, *Architectural sketches for cottages, rural dwellings and villas in the grecian, gothic and fancy styles*, London, 1805.

Mansbridge, Michael, and John Summerson, *John Nash. A complete catalogue*, Oxford, 1991.

Neininger, Falko, »Persius und der Potsdamer Immediatbaufonds«, in: Begleitband, pp. 89–94.

Normand, Charles Pierre Joseph, *Nouveau parallèle des ordres d'architecture*, Paris, 1825.

Normand, Charles Pierre Joseph, *Recueil varié de plans et de façades de maisons de ville et de campagne*, Paris, 1815.

Percier, Charles, und Pierre François Léonard Fontaine, *Plans de plusieurs chateaux Palais et Résidences de Souverains de France, d'Italie, d'Espagne et de Russie*, Paris, 1833.

Persius, Ludwig, »Beschreibung eines bei Potsdam erbauten Wohnhauses (Villa Persius)«, *Allgemeine Bauzeitung*, 4, 1839, pp. 235–238; plate 306–311.

Persius, Ludwig, *Die neuesten Bau-Ausführungen Sr. Königl. Hoheit des Prinzen Karl von Preußen im Schloß-Park zu Glienicke bei Potsdam. Architektonisches Album*, 8, 1842.

Persius, Ludwig, »Die Baulichkeiten im Königlichen Wildpark bei Potsdam ...«, *Allgemeine Bauzeitung*, 8, 1843, pp. 343–347.

Persius, Ludwig, »Die Dienstwohnung des Hofgärtners Handmann zu Sanssouci«, *Allgemeine Bauzeitung*, 9, 1844, pp. 149–151, plate 598–600.

Persius, Ludwig, »Das Dampfmaschinenhaus und die Fontainen zu Babelsberg«, *Allgemeine Bauzeitung*, 11, 1846, pp. 219.

Persius, Ludwig, *Architektonische Entwürfe für den Umbau vorhandener Gebäude. Auf Allerhöchsten Befehl Seiner Majestät des Königs von Preussen herausgegeben von Persius. 1. Lieferung: Das königl. Civil-Cabinetshaus b. Sanssouci. 2. Lieferung: Die Hofgärtner Sello'sche Dienstwohnung zu Sanssouci, Potsdam 1843, 3. Lieferung: Die Villa Schöningen an der Glienicker Brücke*, Potsdam, 1845, *4. Lieferung: Umbau des Hauses für den Geheimen Cabinetsrath ... in Sanssouci, Umbau der Meierei im Königl. Neuen Garten zu Potsdam, Umbau des Fährpächterhauses zu Sacrow bei Potsdam*, Potsdam, 1849.

Persius, Ludwig, »Entwürfe für den Neubau kleiner ländlicher Wohnhäuser in der Umgegend Potsdams von Persius«, *Zeitschrift für Bauwesen*, 6, 1856, pp. 111 f. and 477–480, plate 20, 50.

Peschken, Goerd, *Karl Friedrich Schinkel. Das Architektonische Lehrbuch*, Berlin, 1979 (*Karl Friedrich Schinkel. Lebenswerk*).

Pieper, Jan, »Die Maschine im Interieur. Ludwig Persius' Dampfmaschinenhaus im Babelsberger Park«, *Daidalos*, 53, 1994, pp. 104–115.

Pugin, Augustus Welby Northmore, *The true principles of pointed or Christian architecture*, London, 1841.

Rondelet, Jean, *Traité théoretique et pratique de l'art de batir*, Paris, 1802–17.

Schinkel, Karl Friedrich, *Sammlung Architektonischer Entwürfe. Collection of Architectural Designs*, Chicago, 1981.

Sievers, Johannes, *Bauten für den Prinzen Karl von Preußen*, Berlin, 1942 (*Karl Friedrich Schinkel, Lebenswerk*).

Sander, Thomas, »Die Baugeschichte der Villa Tiedke«, *Brandenburgische Denkmalpflege*, Jg. 13, 2004, no. 1, pp. 76–81.

Weber, Klaus Konrad, *Ludwig Persius*, phil. diss., Berlin, 1967 (manuscript).